Ostrom | Jenseits von Markt und Staat

[Was bedeutet das alles?]

Elinor Ostrom

Jenseits von Markt und Staat

Über das Potential gemeinsamen Handelns

Aus dem amerikanischen Englisch übersetzt von
Silke Helfrich unter Mitarbeit von Johannes Euler

Mit einem Essay von Johannes Euler und Insa Theesfeld

Reclam

2. Auflage

RECLAMS UNIVERSAL-BIBLIOTHEK Nr. 14179
2022 Philipp Reclam jun. Verlag GmbH,
Siemensstraße 32, 71254 Ditzingen

Gestaltung: Cornelia Feyll, Friedrich Forssman
Druck und Bindung: Esser printSolutions GmbH,
Untere Sonnenstraße 5, 84030 Ergolding
Printed in Germany 2024
RECLAM, UNIVERSAL-BIBLIOTHEK und
RECLAMS UNIVERSAL-BIBLIOTHEK sind eingetragene Marken
der Philipp Reclam jun. GmbH & Co. KG, Stuttgart
ISBN 978-3-15-014179-3

Auch als E-Book erhältlich

www.reclam.de

Inhalt

Jenseits von Markt und Staat
Über das Potential gemeinsamen Handelns

Die aktuelle Forschung zur Wirkung diverser institutioneller Anordnungen zur Verwaltung von Gemeinressourcen[1] und öffentlichen Gütern beruht auf klassischer Wirtschaftstheorie. Doch die Forschenden entwickeln auch neue Theorien, um Phänomene zu verstehen, die nicht in die dichotome Welt von ›Markt‹ und ›Staat‹ passen. Sie gehen allmählich nicht mehr von einfachen Systemen aus und wenden sich komplexeren Analyserahmen, Theorien und Modellen zu. Sie wollen die vielfältigen Rätsel und Probleme durchdringen, mit denen Menschen in ihrem Miteinander in heutigen Gesellschaften konfrontiert sind. Die Menschen, deren Handeln wir untersuchen, bringen komplexe Motivationsstrukturen mit und sie schaffen vielfältige privat-gewinnorientierte, staatliche und gemeinschaftsgetragene institutionelle Arrangements, die ihre Wirkung auf verschiedenen Ebenen entfalten. Dabei bringen sie produktive und innovative, aber auch destruktive und perverse Ergebnisse hervor.[2]

In diesem Aufsatz beschreibe ich die intellektuelle Reise, die ich im vergangenen halben Jahrhundert, seit ich in den späten 1950er Jahren mit dem Studium begann, unternommen habe. Meine ersten Bemühungen, die polyzentrisch verwaltete Wasserwirtschaft in Kalifornien zu verstehen, haben mich geprägt. Neben der Zusammenarbeit mit Vincent Ostrom und Charles Tiebout, die das Konzept der polyzentrischen Systeme zur Verwaltung von Metropolregionen formulierten, untersuchte ich die Arbeit zahlreicher privater und öffentlicher Wasserwerke. Sie waren mit einem überlasteten Grundwasserbecken konfrontiert, das sich in Küstennähe befand, und beobachteten, wie Salzwasser in die Grundwasserspeicher eindrang und deren langfristige Nutzung bedrohte. In den 1970er Jahren beteiligte ich mich mit Kolleg:innen an einer Studie über polyzentrisch organisierte Polizeidienststellen in US-amerikanischen Großstädten. Dabei stellte ich fest, dass die Theorie, welche bedeutenden Reformvorschlägen zugrunde lag, falsch war. Metropolregionen, die durch einen Mix von großen und kleinen Dienstleistern versorgt wurden, konnten in der Bereitstellung einiger Polizeidienstleistungen Größenvorteile erzielen (positive Skaleneffekte) und Größennachteile (negative Skaleneffekte) in der Bereitstellung anderer Dienstleistungen vermeiden.

Diese frühen empirischen Studien führten im Laufe der Zeit zur Entwicklung eines Analyserahmens für Institutionen und deren Entwicklung (Institutional Analysis and Development, IAD). Dieser mit der Spieltheorie übereinstimmende Bezugsrahmen ermöglichte uns, viele empirische Studien über Systeme gemeinsamer Ressourcennutzung durchzuführen, einschließlich einer Metaanalyse bereits existierender Fallstudien aus aller Welt. Sorgfältig konzipierte Studien in Laborsituationen erlaubten uns, bestimmte Kombinationen von Strukturvariablen zu testen und dadurch festzustellen, dass isolierte, anonyme Einzelne die Ressourcen von Gemeinschaftspools übermäßig ausbeuten. Doch einfach nur dadurch, dass ihnen Kommunikation – und sei es bloß ›ein einfacher Schwatz‹ – erlaubt wird, gelingt es den Teilnehmer:innen – entgegen den Annahmen der Spieltheorie – die Übernutzung zu verringern und die gemeinsamen Auszahlungen zu erhöhen. Groß angelegte Studien von Bewässerungssystemen in Nepal sowie von Wäldern auf der ganzen Welt stellten die Annahme in Frage, dass Regierungen für Verwaltung und Schutz wichtiger Ressourcen stets besser geeignet sind als die Nutzer:innen selbst.

Derzeit gibt es neue Bemühungen in der Theoriearbeit. Dabei liegt ein Hauptaugenmerk auf der Entwicklung einer allgemeineren Theorie individueller Entscheidung, die die zentrale Rolle des Vertrauens anerkennt, wenn es darum geht, soziale Dilemmas zu bewältigen. Aus der Beobachtung von Mikrosituationen schälten sich im Laufe der Jahre eine ganze Reihe von Erkenntnissen heraus, welche strukturellen Faktoren die Wahrscheinlichkeit für eine gesteigerte Kooperation beeinflussen. Aufgrund der Komplexität größerer Feldzusammenhänge brauchen wir konfiguralere Ansätze, um jene Faktoren untersuchen zu können, die das Entstehen und die Robustheit von Selbstorganisation in polyzentrischen Mehrebenen-Systemen verstärken oder abschwächen. Wenn wir diese empirischen Erkenntnisse auf die Politik übertragen, ist zu betonen, wie wichtig es ist, dass institutionelle Regeln auf das je spezifische sozial-ökologische Umfeld angepasst sind. Eine Politik der ›Einheitsgrößen‹ [ein Patentrezept für alle] wirkt nicht.

1. Das bisherige Weltbild einfacher Systeme

Mitte des 20. Jahrhunderts dominierte in der Wissenschaft der Versuch, das in der Welt Beobachtete in einfache Modelle zu fügen und jene institutionellen Anordnungen zu kritisieren, die sich dort nicht einpassen ließen. Ich werde kurz auf die grundlegenden Annahmen dieser Zeit eingehen, die inzwischen von Wissenschaftler:innen auf der ganzen Welt, darunter Herbert Simon[1] und Vincent Ostrom[2], in Frage gestellt wurden.

A. Zwei optimale Organisationsformen

Der Markt galt als optimale Institution für die Produktion und den Austausch von Privatgütern. Für nichtprivate Güter hingegen brauchte man ›die‹ Regierung, um Regeln und Steuern zu verordnen, und um damit eigennützige Individuen zu zwingen, das Notwendige beizusteuern und auf eigennütziges Handeln zu verzichten. Ohne eine hierarchische Regierung, welche die Regeleinhaltung herbeiführt, würden selbstsüchtige Bürger:innen und Funktionär:innen nicht fähig sein, öffentliche Güter wie Frieden und Sicherheit auf verschiedenen Ebenen effizient herzustellen.[3] Einer Regierungsbehörde wurde beispielsweise empfohlen, die »chaotische« Struktur großstädtischer Verwaltungen abzubauen, ihre Effizienz zu steigern, Konflikte zwischen den Behörden und Verwaltungseinheiten einzudämmen und bestmöglich einer als homogen angesehenen Öffentlichkeit zu dienen.[4]

Diese dichotome Weltsicht erklärte zwar die Interaktionsmuster und Ergebnisse der Produktion und des Austauschs von reinen Privatgütern über den Markt,[5] konnte aber die Dynamiken im Inneren von privaten Unternehmen nicht angemessen fassen.[6] Gleiches galt für die große Vielfalt institutioneller Arrangements, die Menschen schaffen, um öffentliche Güter und Gemeinressourcen zu regeln, bereitzustellen und zu verwalten.

B. Zwei Güterkategorien

In seinem klassischen definitorischen Essay unterschied Paul Samuelson[7] zwei Arten von Gütern. Danach sind reine Privatgüter sowohl ausschließbar (Person A kann vom Konsum privater Güter ausgeschlossen werden, wenn sie nicht dafür zahlt) als auch rival (was Person A konsumiert, kann niemand anderes konsumieren). Öffentliche Güter sind nicht ausschließbar (es ist unmöglich, jene, die für ein Gut nicht bezahlt haben, vom Konsum desselben abzuhalten) und nicht rival (was Person A konsumiert, schränkt den Konsum weiterer Personen nicht ein). Diese grundlegende Einteilung passte gut zur Dichotomie der institutionellen Welt, in der Güter in Privateigentum in einer Marktumgebung getauscht und Eigentum in öffentlicher Hand von staatlichen Hierarchien verwaltet wurden. Die Menschen wurden vor allem als Verbraucher:innen oder Wähler:innen betrachtet.

C. Ein Menschenbild

Die Annahme, alle Menschen seien völlig rational, war im Mainstream der Wirtschaftswissenschaften und in der Spieltheorie allgemein akzeptiert. Von vollkommen rational handelnden Individuen wird angenommen, dass sie (1) in einer bestimmten Situation auf alle vorhandenen Strategien zurückgreifen, (2) aufgrund des wahrscheinlichen Verhaltens der anderen wissen, welche dieser Strategien mit welchen Ergebnissen verbunden sind, und (3) jedes dieser Ergebnisse mit Blick auf die eigenen – als Nutzen gemessenen – Präferenzen in eine Rangfolge bringen. Für ein solches Individuum ist die Maximierung des erwarteten Nutzens in jeglichen Handlungssituationen rational. Während der Nutzen in den Wirtschaftswissenschaften ursprünglich als Möglichkeit konzipiert war, viele externe Werte auf einer einzigen internen Skala abzubilden, wurde er in der Praxis mehr und mehr mit einer externalisierten Maßeinheit gleichgesetzt – etwa dem erwarteten Gewinn. Dieses Modell des Individuums führte zu nützlichen sowie gut belegten Vorhersagen über die Ergebnisse des Tauschs von Gütern mit bestimmten Eigenschaften im Wettbewerbsmarkt, nicht aber in vielfältigen sozialen Dilemmas. In Abschnitt 7 A werde ich auf die Diskussion zur Theorie des individuellen Verhaltens zurückkommen.

2. Frühe Versuche, ein besseres Verständnis komplexer sozialer Systeme zu entwickeln

Die Idee aus der Mitte des 20. Jahrhunderts, die Welt in einfachen Systemen zu fassen, hat sich infolge umfangreicher empirischer Forschung sowie durch die Entwicklung eines Analyserahmens, der mit spieltheoretischen Modellen konsistent ist und für vielfältige Fragestellungen eingesetzt werden kann, allmählich verändert.

A. Erforschung polyzentrischer öffentlicher Dienstleistungen

Durch empirische Studien zur Bereitstellung, Herstellung und Verwaltung öffentlicher Dienstleistungen und gemeinschaftsgetragener Eigentumsregime[1] auf verschiedenen Ebenen durch Bürger:innen, lokale öffentliche Unternehmer:innen oder Angestellte im öffentlichen Dienst konnte umfangreiches Wissen geschaffen werden, das nicht durch zwei Modelle für optimale Organisationsformen erklärt werden kann. Im Versuch zu verstehen, ob öffentliche und private Einrichtungen, die in Ballungsräumen Dienstleistungen bereitstellten, tatsächlich chaotisch handelten – wie andere Wissenschaftler:innen behaupteten – oder ob es sich um potentiell produktive Arrangements handelte, führten Vincent Ostrom, Charles Tiebout und Robert Warren das Konzept der Polyzentralität ein.

> ›Polyzentrisch‹ bedeutet, dass es viele Zentren der Entscheidungsfindung gibt, die formal voneinander unabhängig sind. Ob sie tatsächlich unabhängig voneinander funktionieren oder vielmehr ein interdependentes System von Beziehungen darstellen, ist im Einzelfall empirisch zu prüfen. In dem Maße aber, wie sie sich im Wettbewerb gegenseitig berück-

> sichtigen, verschiedene vertragliche und kooperative Verpflichtungen miteinander eingehen oder Zugang zu zentralen Konfliktlösungsmechanismen haben, können die verschiedenen Zuständigkeitsbereiche in einem Ballungsraum kohärent funktionieren und konsistente sowie vorhersagbare Interaktionsmuster aufweisen. Und in dem Maße, wie dies der Fall ist, kann man davon sprechen, dass sie als ein ›System‹ funktionieren.[2]

In Anlehnung an das Konzept der öffentlichen Dienstleistungsindustrie[3] wurde in den 1960er Jahren in verschiedenen Regionen Kaliforniens die Leistungsfähigkeit der Wasserwirtschaft untersucht.[4] Dies lieferte stichhaltige Belege dafür, dass mehrere öffentliche und private Einrichtungen auf verschiedenen Ebenen zu einem produktiven Wassermanagement gefunden hatten und stand im Gegensatz zu der Annahme, das Vorhandensein mehrerer staatlicher Einheiten ohne klare Hierarchie sei chaotisch. Darüber hinaus arbeiteten die Forscher:innen drei Wirkmechanismen heraus, die die polyzentrische Organisation in Ballungsräumen produktiver machen: (1) Kleinere bis mittelgroße Städte überwachen das Verhalten der Bürger:innen sowie relevante Kosten effektiver als Großstädte, (2) Bürger:innen, die mit der Leistungserbringung unzufrieden sind, können »mit ihren Füßen abstimmen« und dorthin ziehen, wo der Mix an Leistungen und Kosten ihren Vorlieben mehr entspricht, und (3) lokal eingebundene Gemeinschaften können mit größeren Produzenten verhandeln und die Verträge ändern, wenn sie mit den erbrachten Leistungen nicht zufrieden sind, wohingegen Nachbarschaften in einer Großstadt keine Stimme haben.

In den 1970er Jahren wurde dieser Forschungsansatz zur Wirkung verschiedener Organisationsformen der Wasserversorgung in Ballungsräumen auf die Bereiche Polizeiarbeit und öffentliche Sicherheit ausgeweitet. Wir stellten fest, dass in den 80 untersuchten Großstädten zwar viele Polizeidienststellen die Menschen versorgten, die Bürger:innen aber kaum doppelt versorgt wurden.[5] Auch die weitverbreitete Meinung, eine Vielzahl von Dienststellen in einem Großstadtgebiet sei ineffizienter, konnte nicht bestätigt werden. Tatsächlich liefern »die effizientesten Produzent:innen in Ballungsräumen mit zahlreichen Dienststellen mehr Output pro gegebenem Input als effiziente Produzent:innen in Metropolregionen mit weniger Dienststellen«.[6] Metropolregionen mit einer großen Zahl autonomer Akteure, die ihre Leistungen direkt anbieten, waren im technischen Sinne effizienter.[7] Die technische Effizienz war auch dort besser, wo nur wenige Dienstleister für indirekte Leistungen wie Funkkommunikation oder kriminaltechnische Analysen zur Verfügung standen. So konnten wir die Theorie widerlegen, die den Reformvorschlägen für Metropolregionen zugrunde lag. Wir haben, mit Blick auf die Verwaltung von Großstädten, gezeigt, dass Komplexität nicht das Gleiche ist wie Chaos. Diese Erkenntnis wurde durch weitere empirische Studien zur polyzentrischen Verwaltung von Ressourcen- und Infrastruktursystemen auf der ganzen Welt untermauert.[8]

B. Die Verdoppelung der Güterkategorien

Die Forschung darüber, wie Menschen mit verschiedenen öffentlichen Problemen umgehen, führte uns letztlich dazu, Samuelsons Gütereinteilung in zwei Arten abzulehnen. Buchanan[9] hatte bereits eine dritte Art hinzugefügt, die er »Clubgüter« nannte. Bei Clubgütern konnten mehrere Menschen private Vereinigungen (Clubs) gründen und sich im kleinen Maßstab mit nichtrivalen Gütern und Dienstleistungen versorgen. Während sie in diesen Genuss kamen, blieben Nichtmitglieder von Zugang und Konsum solcher Güter und Leistungen ausgeschlossen.

Im Lichte weiterer empirischer und theoretischer Forschung schlugen wir zusätzliche Änderungen der Güterklassifikation vor, um grundlegende Unterschiede zwischen den Gütern, die sich auf die Nutzungsanreize für die Individuen auswirken, zu identifizieren.[10]

1. Ersetzen des Ausdrucks ›Rivalität im Konsum‹ durch ›Substrahierbarkeit durch Nutzung‹.
2. Substrahierbarkeit und Ausschließbarkeit nicht als ›vorhanden‹ oder ›nicht vorhanden‹ charakterisieren, sondern als variierend zwischen ›niedrig‹ und ›hoch‹.
3. Offenkundig die Ergänzung einer vierten Güterart, Gemeinressourcen, die mit Privatgütern die Eigenschaft der Substrahierbarkeit und mit öffentlichen Gütern die Schwierigkeit des Ausschlusses teilen.[11] Wälder, Gewässer, Fischbestände und die globale Atmosphäre sind allesamt Gemeinressourcen, die für das Überleben der Menschen überaus bedeutsam sind.
4. Änderung des Begriffs ›Clubgut‹ in ›Mautgut‹[12], da viele Güter mit diesen Eigenschaften sowohl von überschaubaren und öffentlichen als auch privaten Akteuren bereitgestellt werden

Abbildung 1 gibt einen Überblick über die vier großen Güterarten. Sie bringen unterschiedliche Probleme mit sich, wenn Institutionen entwickelt werden sollen, die verschiedene Güter bereitstellen, produzieren und verbrauchen. Diese vier Güterkategorien enthalten zahlreiche Unterarten, die sich in ihren Eigenschaften substantiell unterscheiden. So sind beispielsweise ein Fluss und ein Wald beide Gemeinressourcen. Sie unterscheiden sich jedoch deutlich voneinander, etwa was die

Mobilität, die Messbarkeit, die Regenerationszeiträume der jeweils produzierten Ressourceneinheiten und andere Eigenschaften angeht. Spezifische Gemeinressourcen unterscheiden sich auch in ihrer räumlichen Ausdehnung, in der Anzahl der Nutzer:innen und vieler anderer Faktoren.

		Substrahierbarkeit durch Nutzung	
		hoch	niedrig
Schwierigkeit, potentielle Nutzer:innen auszuschließen	hoch	Gemeinressourcen: Grundwasserbecken, Seen, Bewässerungssysteme, Fischerei, Wälder usw.	Öffentliche Güter: Frieden und Sicherheit eines Gemeinwesens, nationale Verteidigung, Wissen, Brandschutz, Wettervorhersagen usw.
	niedrig	Privatgüter: Lebensmittel, Kleidung, Autos usw.	Mautgüter: Theater, private Clubs, Kindertagesstätten usw.

Abbildung 1: Vier Arten von Gütern[13]

Wer umfangreiche Feldforschung betreibt, begegnet einer außerordentlichen Vielfalt von Situationen, in denen Menschen interagieren. Wer als Beobachter:in an einem Samstag mitten in der Nacht mit der Polizeistreife durch das Zentrum einer amerikanischen Großstadt fährt, erkennt andere Muster als jene, auf die die Polizei an einem Wochentag nachmittags gegen Schulschluss in einem Vorort trifft. In beiden Fällen beobachtet man, dass Beamt:innen der kommunalen Regierung ein öffentliches Gut bereitstellen: lokale Sicherheit. Die anderen Beteiligten unterscheiden sich in Alter und Nüchternheit, sie haben andere Gründe vor Ort zu sein und wollen anderes erreichen. Dieser Kontext wirkt sich auf die Strategien der beobachteten Polizeibeamt:innen aus.

Vergleichen wir diese Beobachtung zur Bereitstellung eines öffentlichen Gutes mit den Strategien privater Wasserversorgungsunternehmen, städtischer Versorgungsbetriebe, privater Ölgesellschaften oder Anwohner:innen, die in verschiedenen Umgebungen beurteilen wollen, wer für die Überlastung ihres Grundwasserbeckens sowie das daraus resultierende Eindringen von Salzwasser verantwortlich ist und was als Nächstes unternommen werden muss: Sie alle stehen vor dem gleichen Problem – der Überlastung einer Gemeinressource –, aber ihr Verhalten unterscheidet sich erheblich, je nachdem, ob sie sich einmal im Monat in einem privaten Wasserverband treffen, sich im Gerichtssaal gegenüberstehen oder sich an die Legislative und schließlich an die Bürger:innen wenden, um ein spezielles Grundwasseranreicherungsgebiet zu finanzieren. Diese und viele andere bei Bewässerungssystemen sowie im Waldmanagement beobachteten Situationen sind den Standardmodellen eines Marktes oder einer hierarchischen Organisation nicht sehr ähnlich.

3. Die Entwicklung eines Analyserahmens für vielfältige menschliche Begebenheiten

Die Komplexität und Vielfalt der von uns im Feld untersuchten Begebenheiten führte dazu, dass sich Kollegen:innen am Workshop für Politische Theorie und Policy-Analyse ausführlich mit der Entwicklung eines IAD-Analyserahmens befassen.[1] Dieser Rahmen enthält eine Reihe von Bausteinen, die Sozialwissenschaftler:innen nutzen können, um in verschiedenen Umfeldern menschliche Interaktionen und deren Ergebnisse zu verstehen. Der IAD baut auf früheren Arbeiten zu *Transak-*

tionen[2], zur *Situationslogik*[3], zu *kollektiven Strukturen*[4], zu *Rahmungen*[5] sowie zu *Handlungsmustern*[6] auf. Der Ansatz ist zudem von den Arbeiten von Koestler und Simon inspiriert,[7] die jeweils die Annahme in Frage stellten, dass sich menschliches Verhalten, und was daraus resultiert, vollständig auf eine kleine Anzahl von irreduziblen Bausteinen zurückführen ließe.

Während im wissenschaftlichen Diskurs die Begriffe ›Rahmen‹, ›Theorie‹ und ›Modell‹ oft verwendet werden als seien sie austauschbar, nutzen wir sie in einer verschachtelten Weise, um die Bandbreite der allgemeinsten und der präzisesten Annahmen, die Forschende machen können, abzudecken. Der IAD-*Analyserahmen* soll den allgemeinsten Satz von Variablen enthalten, der in der Institutionenanalyse zur Erforschung verschiedener Kontexte genutzt werden kann, einschließlich menschlicher Interaktionen auf Märkten, in Privatunternehmen, Familien, Gemeinschaftsorganisationen, im Kontext der Rechtsprechung oder in der Arbeit von Regierungsbehörden. Er bietet eine metatheoretische Sprache, die es Wissenschaftler:innen ermöglicht, jedwede Theorie für sich zu diskutieren oder Theorien zu vergleichen.

Eine bestimmte *Theorie* wird verwendet, um jene Bereiche eines Analyserahmens zu spezifizieren, die gebraucht werden, um verschiedene Ergebnisse in ihren Beziehungen zueinander zu erklären. Theorien auf Mikroebene wie die Spieltheorie, die mikroökonomische Theorie, die Transaktionskostentheorie oder Theorien über öffentliche und Gemeinressourcen sind Beispiele für spezifische Theorien, die mit dem IAD-Analyserahmen vereinbar sind. *Modelle* formulieren präzise Annahmen zu einer begrenzten Anzahl von Variablen innerhalb einer Theorie, die Wissenschaftler:innen zur Untersuchung der formalen Konsequenzen eben dieser Annahmen auf die Motivation von Akteuren und die Struktur der Handlungssituationen, in denen sie sich befinden, nutzen.

Der IAD-Analyserahmen soll die wissenschaftliche Analyse von Systemen ermöglichen, die aus einem Bündel von Variablen bestehen, von denen jede einzelne je nach konkret interessierender Fragestellung mehrfach aufgefächert werden kann. Im Mittelpunkt des IAD-Analyserahmens steht das Konzept der Handlungssituation, die durch externe Faktoren beeinflusst wird (s. Abb. 2). Die wichtigsten Kategorien von externen Faktoren, die Handlungssituationen zu einem gewissen Zeitpunkt beeinflussen, sind:

1. Biophysikalische Bedingungen, die in einigen Analysen zur Vereinfachung als eine der in Abbildung 1 definierten vier Güterarten zusammengefasst werden können.
2. Eigenschaften der handelnden Gruppe, zu denen die Geschichte früherer Interaktionen, die interne Homogenität oder Heterogenität von Schlüsseleigenschaften sowie das Wissen und das soziale Kapital derjenigen gehören, die sich beteiligen oder von den Handlungen betroffen sind.
3. Angewandte Regeln, die das gemeinsame Verständnis der Beteiligten schärfen, wer welche Handlungen vornehmen kann, darf oder nicht darf und welche dieser Handlungen, die andere betreffen, mit Sanktionen belegt werden.[8] Die Nutzungsregeln können sich im Laufe der Zeit weiterentwickeln, da die Beteiligten in zahlreichen unterschiedlichen Situationen miteinander interagieren;[9] oder die Regeln können in einer kollektiven oder konstitutionellen Entscheidungssituation bewusst verändert werden.

Die Auswahl der externen Variablen wirkt sich auf eine Handlungssituation aus und erzeugt Interaktions- und Ergebnismuster, die von den Beteiligten (und möglicherweise auch von Forschenden) bewertet werden. Das wiederum wirkt sowohl auf die externen Variablen als auch auf die Handlungssituation selbst zurück.

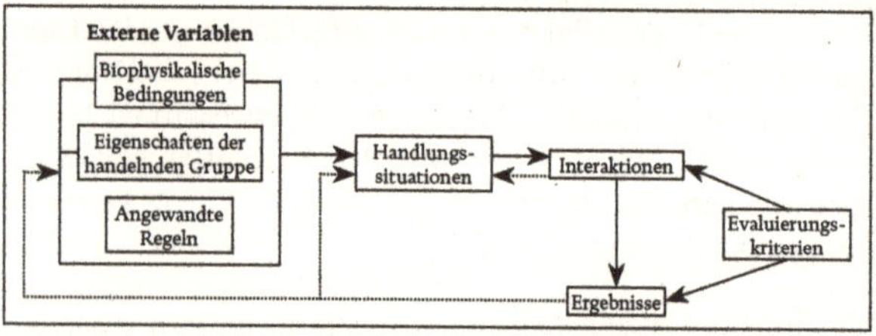

Abbildung 2: Ein Analyserahmen zur Institutionenanalyse[10]

Offenkundig stimmen die internen Funktionsbestandteile einer Handlungssituation mit den Variablen überein, die Theoretiker:innen auch zur Analyse eines formalen Spiels verwenden.[11] Dies hat Kolleg:innen in die Lage versetzt, mit Hilfe formaler spieltheoretischer Modelle, die mit dem IAD-Analyserahmen vereinbar sind, vereinfachte, aber interessante Kombinationen von theoretischen Variablen zu analysieren und daraus überprüfbare Schlüsse[12] und agentenbasierte Modelle (ABMs) abzuleiten.[13] Es ist nicht möglich, ein formales Spiel (oder sogar ein ABM) zu entwickeln, um komplexe empirische Kontexte mit den unzähligen Variablen zu analysieren, die allesamt relevant sind, die Ergebnisse beeinflussen und zum Verständnis der Institutionen gebraucht werden. Allerdings ist es möglich, eine gemeinsame Auswahl von Strukturelementen zu verwenden und damit strukturierte Kodierungsformate zur Datenerhebung und -analyse zu entwickeln. Zudem können für viele politökonomisch interessante Situationen Experimente entworfen werden, die es erlauben zu untersuchen, warum ein bestimmtes Verhalten und bestimmte Ergebnisse in manchen Situationen auftreten und in anderen nicht.

Um die Struktur eines Spiels zu spezifizieren und Ergebnisse vorherzusagen, müssen Theoretiker:innen Folgendes postulieren:

1. die Eigenschaften der beteiligten Akteur:innen (einschließlich des theoretisch vorausgesetzten Modells menschlicher Wahl);
2. die von den Beteiligten eingenommenen Positionen (z. B. *First Mover* oder *Row Player*);
3. die Handlungen, die die Beteiligten in einem Entscheidungsbaum an bestimmten Knotenpunkten ausführen können;
4. die Menge der an einem Entscheidungsknoten verfügbaren Informationen;
5. die von den Akteur:innen gemeinsam beeinflussten Ergebnisse;
6. eine Auswahl von Funktionen, die die Akteur:innen sowie deren Handlungen in den Entscheidungsknoten als Zwischen- oder Endergebnis abbilden;
7. Kosten und Nutzen, die mit ausgewählten Handlungen und den dadurch erzielten Ergebnissen einhergehen.

Dies sind auch die internen Bestandteile einer Handlungssituation, wie sie in Abbildung 3 dargestellt wird. Wie weiter unten erörtert, hat die Verwendung eines gemeinsamen Analyserahmens in sehr vielfältigen Forschungsarbeiten das Verständnis der Interaktionen und Ergebnisse in komplexen Umgebungen vertieft. Der IAD-Analyserahmen bettet eine bestimmte zu erforschende Situation in ein breiteres Spektrum externer Variablen ein, von denen einige im Laufe der Zeit bewusst überarbeitet werden können.

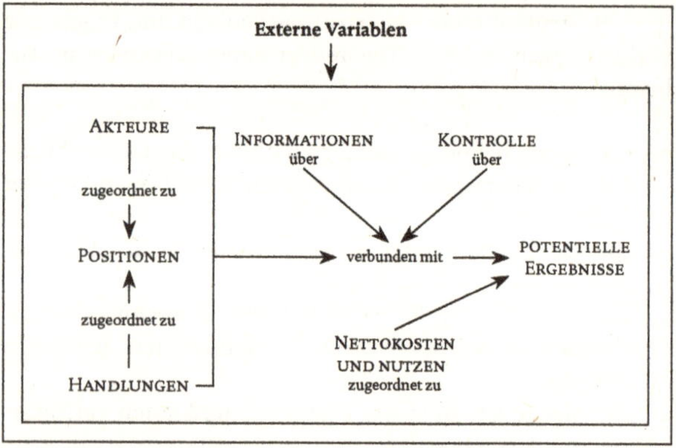

Abbildung 3: Die interne Struktur einer Handlungssituation[14]

4. Sind rationale Individuen in sozialen Dilemmas hilflos gefangen?

Klassische Annahmen über rationale Individuen, die sich nur zwei Organisationsformen und Güterkategorien gegenübersehen, machen das potentiell produktive Bemühen einzelner und mehrerer Menschen unsichtbar, mit sozialen Dilemmas – etwa der Überbeanspruchung von Gemeinressourcen oder der Unterversorgung mit lokalen öffentlichen Gütern – erfolgreich umzugehen. Die klassischen Modelle wurden verwendet, um zu zeigen, dass die Beteiligten im ›Gefangenendilemma‹ oder in anderen sozialen Dilemmas in der Situation stets gefangen seien. In einer solchen Betrachtungsweise sind die Beteiligten unfähig, die Struktur selbst zu verändern. Dieses analytische Vorgehen war ein theoretischer Rückschritt in der Analyse menschlicher Begebenheiten. Ob Menschen fähig sind, die externen Variablen einer Handlungssituation, in der sie sich befinden, zu verändern oder nicht, ändert sich dramatisch von einer Situation zur nächsten. Es geht hier um die empirischen Bedingungen, die von Situation zu Situation verschieden sind, und nicht um eine logische Allgemeinheit. Wenn Behörden Gefangene verhören, werden sie absichtlich getrennt, damit sie nicht miteinander kommunizieren können. Die Nutzer:innen einer gemeinsamen Ressource werden nicht derart eingeschränkt.

Forschende, die die Akteur:innen ihrer Modellierungen in unzuträglichen Situationen gefangen sehen, gehen davon aus, dass andere, externe Akteur:innen – etwa Wissenschaftler:innen und Beamt:innen – in der Lage sind, die Situation zu analysieren, festzustellen, warum kontraproduktive Ergebnisse erzielt werden, und vorzuschlagen, welche Änderungen der geltenden Regeln den Teilnehmenden ermöglichen werden, die Ergebnisse zu verbessern. Von externen Beamten wird letztlich erwartet, dass sie den beteiligten Personen ein optimales Regelwerk vorschreiben. Hier wird davon ausgegangen, dass der Impuls zur Veränderung von außen kommen muss und nicht aus der Selbstreflexion und Kreativität von Beteiligten entsteht, die willens sind, ihre eigenen Interaktionsmuster selbst umzustrukturieren. Sugden hat diesen Ansatz wie folgt beschrieben:

> Die meisten modernen Wirtschaftstheorien beschreiben eine Welt, die von *einer Regierung* regiert wird (bezeichnenderweise nicht von Regierungen), und sehen diese Welt durch die Augen der Regierung. Es wird angenommen, dass die Regierung die Verantwortung, den Willen und die Macht hat, die Gesellschaft so umzustrukturieren, dass das soziale Wohlergehen maximiert wird; wie die US-Kavallerie in einem guten Western steht die Regierung bereit, um zur Ret-

tung zu eilen, wenn der Markt ›versagt‹, und die Aufgabe der Ökonom:innen ist es, sie zu beraten, wann und wie sie dies tun sollen. Privatpersonen hingegen wird wenig oder gar keine Fähigkeit zugeschrieben, kollektive Probleme miteinander zu lösen. Dies führt zu einer verzerrten Sichtweise auf einige wichtige wirtschaftliche und politische Fragen.[1]

Garrett Hardins[2] Darstellung der Nutzer:innen einer Gemeinressource – als für alle zugängliche Weide –, die in einer unvermeidlichen Tragik von Übernutzung und Zerstörung gefangen sind, wurde weithin akzeptiert, weil sie mit der Voraussage übereinstimmte, dass es in einem Gefangenendilemma oder in anderen sozialen Dilemma-Spielen nicht zur Kooperation kommt. Das zog die Aufmerksamkeit von Wissenschaftler:innen und politischen Entscheidungsträger:innen in aller Welt auf sich. Viele nahmen an, Gemeinressourcen gehörten niemandem. Also dachte man, dass Regierungsbeamte neue externe Faktoren (z. B. neue Politiken) einführen müssten, um die Zerstörung der Ressourcen durch Nutzer:innen zu verhindern, die nichts anderes tun würden, als zu zerstören, wovon ihre eigene Zukunft (wie auch die Zukunft aller anderen) abhängt.

A. Fächerübergreifende Untersuchung der Gefangenenthese

Dramatische Fälle übernutzter Ressourcen erhielten weithin große Aufmerksamkeit. Die Forschung von Anthropolog:innen, Wirtschaftshistoriker:innen, Ingenieur:innen, Historiker:innen, Philosoph:innen und Politik- sowie Verwaltungswissenschaftler:innen, die auf lokaler Ebene den Umgang mit kleinen bis mittleren Ressourcensystemen studierten, blieb indes bei vielen Theoretiker:innen sowie in den Behörden lange unbeachtet.[3] Die Erkenntnisse dieser Forschung wurden zudem nicht zusammengetragen, weil sie von Wissenschaftler:innen verschiedener Disziplinen verfasst worden waren, die unterschiedliche Ressourcensysteme in vielen Ländern in den Blick nahmen.

Glücklicherweise hatte der Nationale Forschungsrat (National Research Council, NRC) Mitte der 1980er Jahre einen Ausschuss eingerichtet, der sich mit verschiedenen institutionellen Anordnungen zum Erhalt und zur Nutzung gemeinsam verwalteter Ressourcen auseinandersetzte. Der NRC-Ausschuss brachte Wissenschaftler:innen verschiedener Disziplinen zusammen und nutzte für die Arbeit den IAD-Analyserahmen im Bemühen, erstmals gemeinsame Variablen für Handlungssituationen zu identifizieren, in denen sich Nutzer:innen organisiert hatten oder in denen ihnen das nicht gelungen war.[4] Indem viele Fälle identifiziert wurden, in denen sich Ressourcennutzer:innen erfolgreich organisierten, wurde die Annahme in Frage gestellt, dass es für Nutzer:innen grundsätzlich unmöglich sei, ihre eigenen Übernutzungsprobleme zu lösen. Der NRC-Bericht eröffnete die Möglichkeit, ganz unterschiedliche Studien mit vielfältigen Methoden durchzuführen. Die NRC-Arbeit regte zudem eine Erweiterung des Forschungsprogramms im Workshop [für Politische Theorie und Policy-Analyse] selbst an, wo die Kodierung auf von anderen Wissenschaftler:innen verfasste Fallstudien ausgeweitet wurde.

B. Metaanalysen des Gemeinressourcen-Managements

Im Bemühen, mehr als nur die Existenz von mehreren Fällen festzustellen, in denen Ressourcennutzer:innen sich selbst organisierten, begannen Kolleg:innen des Workshops eine Metaanalyse jener Fallstudien, die während der Arbeit des NRC-Panels identifiziert worden waren.[5] Aufgrund unserer früheren

Studien über komplexe Systeme in städtischen Umgebungen und dank der Entwicklung des Analyserahmens sowie einer gemeinsamen Sprache, um die Bestandteile komplexer Systeme miteinander zu verknüpfen, konnten wir den Analyserahmen nun nutzen, um unsere Arbeit zu organisieren. Der IAD-Analyserahmen wurde zur Grundlage des Entwurfs eines Kodierleitfadens, mit dessen Hilfe eine konsistente Auswahl von Variablen für jede Gemeinressourcen-Studie erfasst wurde.

Dies war ein immenser Aufwand. Der Entwicklung des endgültigen Kodierleitfadens wurden mehr als zwei Jahre gewidmet.[6] Ein Hauptproblem bestand in der geringen Überschneidung der Variablen, die von den Autor:innen aus verschiedenen Disziplinen für ihre Fallstudien verwendet worden waren. Das Team musste über 500 Arbeiten lesen und sichten, um eine kleine Anzahl von Fällen zu identifizieren, die Informationen über die Akteur:innen, ihre Strategien, den Zustand der Ressource und die angewandten Regeln enthielten.[7] Eine gemeinsame Auswahl von Variablen wurde für 44 Gruppen von Fischer:innen erfasst, die in der Küstenfischerei tätig waren[8] und für 47 Bewässerungssysteme, die entweder von den Bäuerinnen und Bauern selbst oder von einer Regierung verwaltet wurden.[9]

Von den 47 Bewässerungssystemen, die in die Analyse einbezogen waren, wurden 12 von Regierungsbehörden verwaltet. Nur 40 Prozent (n = 7) davon waren leistungsstark, von den 25 selbstverwalteten Systemen waren es über 70 Prozent (n = 18).[10] Die Regelkonformität war ein Schlüsselfaktor dafür, dass eine angemessene Wassermenge durchgehend zur Verfügung stand.[11] Keine der von Schlager analysierten Küstenfischereigruppen war staatlich verwaltet und 11 (25 Prozent) waren überhaupt nicht organisiert. In den anderen 33 Gruppen gab es zahlreiche informelle Regeln, über die bestimmt war, wer wo fischen darf und wie das Fischen eingeschränkt wurde.[12]

Wir haben durch diese Metaanalyse ein signifikantes Ausmaß an Kooperation feststellen können. Zudem konnten wir auch einige frühere theoretische Vorhersagen darüber bestätigen, dass in bestimmten Kontexten nicht kooperiert wird.

> In Gemeinressourcen-Dilemmas, in denen die Individuen einander nicht kennen, nicht wirklich miteinander kommunizieren und daher keine Vereinbarungen, Normen und Sanktionen entwickeln können, erhalten die aggregierten Vorhersagen, die sich aus den Modellen rationaler Individuen in nichtkooperativen Spielen ableiten, umfangreiche Unterstützung. Dies sind selten vorzufindende Bedingungen und in diesen scheint vollständige Rationalität eine vernünftige Annahme zu sein.[13]

Andererseits war die Fähigkeit, Dilemmas zu überwinden und eine wirksame Governance zu entwickeln, viel verbreiteter als erwartet und hing von der Beschaffenheit der Ressource selbst ab sowie davon, ob die von den Nutzer:innen eigens entwickelten angewandten Regeln sinnvoll mit dieser Struktur verknüpft sind.[14] In allen selbstorganisierten Systemen konnten wir von den Nutzer:innen selbst aufgestellte Begrenzungsregeln finden, um zu klären, wer die Ressource nutzen darf. Es gab Auswahlregeln für die Zuteilung der Ernte – also den Fluss von Ressourceneinheiten. Und es gab Formen der aktiven Überwachung sowie der lokalen Sanktionierung von Regelverstößen.[15] Wir fanden jedoch keinen einzigen Fall, in dem sich die Anspruchsberechtigten der »Grim-Trigger«-Strategie bedienten. Diese Form der Bestrafung wurde in der Theorie oft für Fälle angenommen, in denen sich die Dilemmas wiederholten.[16]

Ressourcenökonom:innen verwendeten den Begriff »Gemeineigentumsressourcen«[17], um Fischerei- und Wasserressourcen zu bezeichnen.[18] Die Verknüpfung der Begriffe ›Eigentum‹ und ›Ressource‹ hat jedoch zu erheblicher Verwirrung geführt, denn zwischen der Beschaffenheit eines Gutes und dem Fehlen oder dem Vorhandensein einer Eigentumsordnung ist zu unterscheiden.[19] Eine Gemeinressource kann sich in Staatseigentum, Privateigentum beziehungsweise Gemeineigentum befinden, oder sie kann niemandem gehören.[20] Ein weiterer Grund dafür, dass Eigentumsregime, die von lokalen Nutzer:innen entwickelt wurden, unbeachtet blieben, ist, dass viele Wissenschaftler:innen annahmen, die Nutzer:innen besäßen keine Eigentumsrechte, solange sie nicht über Veräußerungsrechte verfügten; also das Recht, ihr Eigentum zu verkaufen.[21]

Schlager und Ostrom[22] stützten sich auf die Arbeiten von John R. Commons[23], um Eigentumsrechte als *Bündel* von Rechten und nicht als ein einziges Recht zu konzeptualisieren. Die Metaanalyse existierender Praktiken half dabei, fünf Eigentumsrechte zu identifizieren, welche die Nutzer:innen von Gemeinressourcen kumulativ innehaben können:

(1) Zugang – das Recht, ein bestimmtes Grundstück zu betreten,[24]
(2) Entnahme – das Recht, bestimmte Produkte einer Ressource zu ernten,
(3) Management – das Recht, die Ressource zu verarbeiten und interne Nutzungsmuster zu ändern,
(4) Ausschluss – das Recht zu entscheiden, wer Zugangs-, Entnahme- oder Managementrechte hat,
(5) Veräußerung – das Recht, jedes dieser vier anderen Rechte zu verleihen oder zu verkaufen.

Das Konzept der Bündel von Eigentumsrechten wird heute von Wissenschaftler:innen, die weltweit verschiedene Eigentumsrechtsregime untersucht haben, gemeinhin akzeptiert.[25]

D. Verknüpfung der internen Bereiche von Handlungssituationen mit externen Regeln

Akteur:innen, die konkrete Eigentumsrechte an einer Ressource halten, haben mit sehr grundlegenden Regeln zu tun, die die Struktur ihrer Handlungssituationen beeinflussen. Durch unsere Metaanalyse wurde die unglaubliche Vielfalt sehr spezifischer Regeln sichtbar, die in unterschiedlichen Kontexten zum Einsatz kommen (z. B. wer wie viele Ressourceneinheiten zu welcher Zeit an welchem Ort entnehmen konnte, welche Informationen von allen Nutzer:innen verlangt wurden, welche Kosten und Nutzen mit welchen Handlungen verbunden wurden usw.). Als wir versuchten, eine einheitliche Kodier- und Analysemethode für diese große Vielfalt spezifischer Regeln zu finden, die in den Fallstudien beschrieben worden waren, kamen wir erneut auf den IAD-Analyserahmen zurück. Da wir sieben Funktionsbereiche einer Spiel- oder Handlungssituation identifiziert hatten, schienen sieben weit gefasste Regeltypen naheliegend, um als externe Variablen zu gelten, die sich auf die jeweiligen Funktionsbereiche auswirken (s. Abb. 4). Die sieben Regeltypen sind:

1. Begrenzungsregeln, die festlegen, wie Akteur:innen ausgewählt werden, die bestimmte Positionen einnehmen oder diese verlassen;
2. Positionsregeln, die eine Reihe von Positionen spezifizieren und wie viele Akteur:innen diese einnehmen;
3. Auswahlregeln, die festlegen, welche Handlungen einem

Akteur / einer Akteurin auf einer Position zugewiesen werden;

4. Informationsregeln, die die Kommunikationskanäle zwischen den Akteur:innen festlegen und klären, welche Informationen geteilt werden müssen beziehungsweise dürfen oder nicht;
5. Reichweitenregeln, die spezifizieren, welche Resultate vom kollektiven Handeln beeinflusst werden könnten;
6. Aggregationsregeln (etwa Mehrheits- oder Einstimmigkeitsregeln), die festlegen, wie Entscheidungen der Akteur:innen an einem Knotenpunkt auf Zwischen- oder Endergebnisse abgebildet werden;
7. Auszahlungsregeln, die festlegen, wie Nutzen und Kosten auf die Akteur:innen in den Positionen verteilt werden sollen.[26]

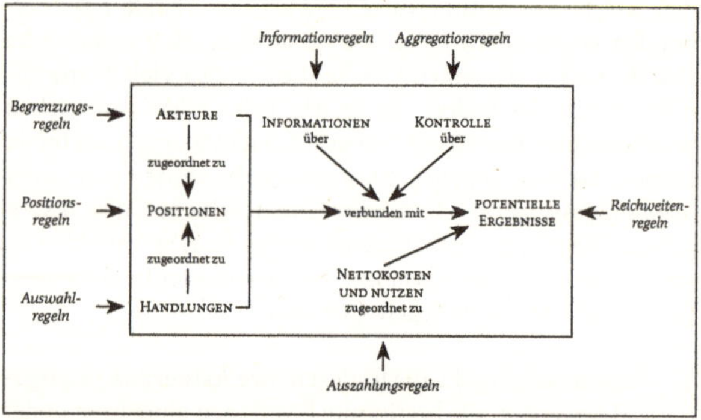

Abbildung 4: Regeln als exogene Variablen, die die Elemente einer Handlungssituation direkt beeinflussen[27]

Eine sinnvolle Weise, über institutionelle Regeln nachzudenken, ist es, sich klarzumachen, welcher Teil einer Handlungssituation von einer Regel betroffen ist (s. Abb. 4).

Die Konzeptualisierung von sieben weit gefassten Regeltypen (statt einem oder zweien) verärgerte durchaus jene Wissenschaftler:innen, die sich auf einfache soziale Handlungsmodelle stützen wollten. Wir haben jedoch nicht nur sieben Regeltypen gefunden, sondern auch mehrere Varianten jedes Typs. So fanden wir 27 Begrenzungsregeln, die von den Autor:innen der Fallstudien in mindestens einem Gemeinressourcen-Setting beschrieben worden waren.[28] Einige Regeln spezifizierten verschiedene Formen des Wohnsitzes, der Organisationszugehörigkeit oder persönliche Eigenschaften, die zugeschrieben oder erworben werden. Wir fanden zudem 112 verschiedene Auswahlregeln, die typischerweise aus zwei Teilen bestehen – einer Zuteilungsformel, die angibt, wo, wann oder wie Ressourceneinheiten entnommen werden können, und eine Bezugsgröße für die Umsetzung der Formel (z. B. die Menge des Landbesitzes, historische Nutzungsmuster oder die Zuteilung per Losverfahren).[29]

E. Langlebige Ressourceninstitutionen

Nachdem ich mehrere Jahre lang mit Kolleg:innen zusammengearbeitet hatte, um Fallstudien von erfolgreichen und gescheiterten Nutzungssystemen zu kodieren, dachte ich, dass meine nächste Aufgabe darin bestünde, die erhobenen Daten sorgfältig statistisch zu analysieren. Ich wollte ermitteln, welche spezifischen Regeln mit erfolgreichen Bewirtschaftungssystemen verbunden sind. Ich hatte zu diesem Zeitpunkt die unglaubliche Anzahl und Vielfalt der Regeln, die das Team dokumentiert hatte, noch nicht gänzlich erfasst. Im Jahr 1988 verbrachte ich ein Sabbatjahr in der Forschungsgruppe von Reinhard Selten am Zentrum für Interdisziplinäre Forschung der Universität Bielefeld. Dort bemühte ich mich, Regeln zu finden, die in allen ökologischen, sozialen und ökonomischen Umfeldern funktionieren. Doch die spezifischen Regeln, die in erfolgreichen und gescheiterten Fällen zu finden waren, variierten von Ort zu Ort sehr stark. Letztlich musste ich die Idee aufgeben, dass sich spezifische Regeln mit erfolgreichen Fällen verknüpfen lassen.

Über den Wechsel auf eine höhere, generellere Ebene, versuchte ich, die allgemeineren institutionellen Regelmäßigkeiten von langlebigen Systemen zu verstehen, die in gescheiterten Systemen nicht vorkamen. Um diese Regelmäßigkeiten zu charakterisieren, wählte ich den Begriff »Gestaltungsprinzip«[30]. Damit wollte ich nicht ausdrücken, dass die Fischer:innen, Bewässerer:innen, Viehzüchter:innen und andere diesen Prinzipien bewusst folgten, wenn sie beständige Systeme entwickelten. Es ging mir vielmehr darum, eine Reihe von grundlegenden Erkenntnissen zu identifizieren, die langlebige Systeme im Gegensatz zu gescheiterten ausmachten.[31] [32]

Da diese Gestaltungsprinzipien ausführlich beschrieben sind,[33] werde ich hier lediglich die kurze, aktualisierte Liste einfügen, wie sie von Cox, Arnold und Villamayor-Tomás zusammengefasst wurde:[34]

1A. Nutzer:innengrenzen: Klar definierte Grenzen: Klare und für die Menschen vor Ort verständliche Grenzen zwischen legitimen Nutzer:innen und Nichtnutzer:innen sind vorhanden.

1B. Ressourcengrenzen: Klare Grenzen, die spezifische Gemeinressourcen von einem größeren sozial-ökologischen System abgrenzen, sind vorhanden.

2A. Kongruenz mit lokalen Bedingungen: Aneignungs- und Bereitstellungsregeln sind kongruent mit den sozialen und ökologischen Bedingungen vor Ort.
2B. Aneignung und Bereitstellung: Aneignungsregeln sind kongruent mit den Bereitstellungsregeln; die Verteilung von Kosten ist proportional zu der Verteilung des Nutzens.
3. Arrangements für kollektive Entscheidungen: Die meisten Personen, die von einem Ressourcenregime betroffen sind, sind berechtigt, sich an der Erstellung und Änderung der Regeln zu beteiligen.
4A. Überwachung der Nutzer:innen: Nutzer:innen oder diesen rechenschaftspflichtige Personen überwachen den Umfang der Aneignung und Bereitstellung der Nutzer:innen.
4B. Überwachung der Ressource: Nutzer:innen oder diesen rechenschaftspflichtige Personen überwachen den Zustand der Ressource.
5. Abgestufte Sanktionen: Sanktionen für Regelüberschreitungen beginnen sehr niedrig, werden allerdings stärker, wenn ein Nutzer bzw. eine Nutzerin wiederholt eine Regel verletzt.
6. Konfliktlösungsmechanismen: Es gibt schnelle, preisgünstige, lokale Arenen zur Lösung von Konflikten zwischen Nutzer:innen oder mit Behörden.
7. Minimale Anerkennung des Organisationsrechts: Das Recht der lokalen Nutzer:innen, sich eigene Regeln zu geben, wird von Regierungsseite anerkannt.
8. Verschachtelte Unternehmen: Wenn eine Gemeinressource eng mit einem größeren sozial-ökologischen System verbunden ist, sind die Governance-Aktivitäten in mehreren verschachtelten Ebenen organisiert.

Die Gestaltungsprinzipien scheinen die Kernfaktoren zusammenzufassen, die beeinflussen, wie wahrscheinlich es ist, dass eine Institution, die von den Nutzer:innen selbst entwickelt wurde, langfristig fortbesteht. Cox, Arnold und Villamayor-Tomás analysierten über 100 Studien von Wissenschaftler:innen, die die Relevanz dieser Prinzipien zur Erklärung des Erfolgs oder des Misserfolgs verschiedener Gemeinressourcen-Regime untersucht haben. Zwei Drittel dieser Studien bestätigten, dass robuste Ressourcensysteme durch die meisten Gestaltungsprinzipien gekennzeichnet sind, während erfolglose Systeme dies nicht sind. Die Autor:innen einiger Studien, die die Gestaltungsprinzipien als unzureichend bewerteten, neigten dazu, diese sehr starr auszulegen, und waren der Ansicht, dass sich erfolgreiche Systeme durch größere Flexibilität auszeichneten.

In drei Fällen zeigte sich, dass die ursprüngliche Formulierung der Prinzipien zu allgemein war und nicht zwischen ökologischen und sozialen Bedingungen unterschied. Daher habe ich die von Cox und Koautor:innen vorgeschlagenen Verbesserungen der Prinzipien 1, 2 und 4 übernommen.

5. Experimente zur Untersuchung von Gemeinressourcen-Problemen

Es gab zahlreiche Fälle, in denen die Nutzer:innen soziale Dilemmas überwunden und eine langfristige Ressourcennutzung gemeistert hatten. Dadurch wurde die Annahme in Frage gestellt, dass dies unmöglich sei. In der Praxis werden diese Ergebnisse von vielen Variablen zugleich beeinflusst. Eine unserer Strategien, damit umzugehen, war, spieltheoretische Modelle zur Nutzung von Gemeinressourcen zu entwickeln,[1] um eine Einschätzung davon zu gewinnen, wie eine Reihe von Variablen, die wir in der Praxis beobachten konnten, theoretisch zu bewerten sei. Wir hielten es auch für wichtig, die Wirkung einer bestimmten Kombination von Variablen experimentell zu untersuchen.

A. Laborexperimente an Universitäten

Roy Gardner und James Walker haben sich mit mir gemeinsam dem umfassenden Vorhaben gewidmet, klar umrissene spieltheoretische Modelle, die mit dem IAD-Analyserahmen übereinstimmen, zu entwickeln und zu testen.[2] Die ersten Gemeinressourcen-Experimente begannen mit einer statischen Ausgangssituation, die so einfach wie möglich gestaltet war, ohne dass entscheidende Aspekte der Aneignungsproblematik, mit denen die Aneigner im Feld konfrontiert sind, verloren gehen. Wir verwendeten eine quadratische Auszahlungsfunktion auf der Grundlage des klassischen Modells von Gordon[3]. Die anfängliche Ressourcenausstattung ω für alle acht Teilnehmenden bestand aus einer Anzahl Spielmarken, die die Teilnehmenden zwischen Markt 1 (mit festem Ertrag) und Markt 2 (der als Gemeinressource fungierte und dessen Ertrag von den Handlungen aller anderen Versuchsteilnehmenden beeinflusst war) aufteilen konnten. Die Versuchspersonen erhielten aggregierte Informationen, so dass sie nicht wussten, was jede/r Einzelne tat. Jede/r Teilnehmende i konnte einen Teil x_i seiner/ihrer Ausstattung in die Gemeinressource (Markt 2) investieren. Der verbleibende Teil würde dann in Markt 1 investiert. Die von uns verwendete Auszahlungsfunktion[4] war:

$$u_i(x) = \omega e \qquad \text{falls } x_i = 0 \qquad (1)$$

$$u_i(x) = \omega(e - x_i) + (x_i/\Sigma x_i)F(\Sigma x_i) \qquad \text{falls } x_i > 0 \qquad (2)$$

Das Basisexperiment war ein Gemeinressourcen-Dilemma, bei dem das spieltheoretische Ergebnis eine erhebliche Übernutzung der Ressource bedeutete, während die Beteiligten durch eine Verringerung der gemeinsamen Einsätze ein viel besseres Ergebnis erreichen könnten. Die nichtkooperative Spieltheorie sagt voraus, dass die Spieler:innen entsprechend dem Nash-Gleichgewicht investieren würden, jede Person acht Spielmarken und somit insgesamt 64 Spielmarken. Würden sie ihren Einsatz auf insgesamt 36 Spielmarken in dem gemeinsamen Topf verringern, könnten sie erheblich mehr verdienen. Teilnehmer:innen in den Basisexperimenten mit sich wiederholenden Entscheidungsrunden investierten deutlich zu viel; sie investierten sogar mehr Spielmarken als vorhergesagt, so dass das gemeinsame Ergebnis schlechter war als das vorhergesagte Nash-Gleichgewicht.[5]

Aufbauend auf früheren Forschungen zu öffentlichen Gütern,[6] führten wir anschließend eine Reihe von Experimenten mit direkter Kommunikation durch, bei denen die gleiche Auszahlungsfunktion eingesetzt wurde. Nach anfänglich zehn Runden, in denen die Beteiligten nicht kommunizieren durften, wurde ihnen mitgeteilt, dass sie sich in einer Gruppe besprechen konnten, bevor sie an ihre Rechner zurückkehrten, um ihre eigenen individuellen Entscheidungen zu treffen. Dies bot Gelegenheit für einen ›kleinen Schwatz‹. Für diese Experimente wurden die gleichen Ergebnisse vorausgesagt wie für die Ausgangsstudie, weil die Versuchspersonen Kooperation zwar versprechen konnten, aber keine externe ›dritte Partei‹ die Umsetzung dieses Versprechens sicherstellen würde.

Die Teilnehmenden nutzten diese Kommunikation von Angesicht zu Angesicht, um Strategien zu besprechen, die zu bestmöglichen Ergebnissen führen würden, und sich dann – wenn möglich – darauf zu einigen, was jede Person investieren sollte. Nach jeder Runde erfuhren sie, wie viel insgesamt investiert worden war, nicht jedoch die jeweilige Entscheidung der einzelnen Teilnehmenden. Dies gab ihnen Aufschluss darüber, ob die Gesamtinvestitionen höher lagen als vereinbart. In vielen Runden hielten die Beteiligten ihre gegenseitigen Versprechen ein. In anderen kam es zu einigen Abweichungen. Die Proband:innen nutzten die Informationen über die Gesamthöhe der Investitionen, um ihre unbekannten Mitspieler:innen zu schelten, wenn die Gesamtinvestition höher war als vereinbart. Es erwies sich für die Steigerung der gemeinsamen Erträge als äußerst erfolgreich, die wiederholte Kommunikation von Angesicht zu Angesicht zu ermöglichen. Die Ergebnisse unserer Kommunikationsexperimente stehen im Einklang mit zahlreichen anderen Studien zur Wirkung direkter Kommunikation auf die Fähigkeit der Menschen, Probleme sozialer Dilemmas zu lösen.[7]

In vielen Feldsituationen fanden die Ressourcennutzer:innen zahlreiche formelle oder informelle Wege, um sich im Falle von Regelüberschreitungen gegenseitig zu sanktionieren, auch wenn dieses Verhalten nicht im Einklang mit der Theorie der normfreien, vollständigen Rationalität steht.[8] Es war daher wichtig zu sehen, ob die Teilnehmenden in einem kontrollierten Experiment tatsächlich ihr eigenes Vermögen einsetzen würden, um andere finanziell zu bestrafen. Nach zehn Runden des Basis-Gemeinressourcen-Spiels wurde den Spieler:innen gesagt, dass sie in den folgenden Runden die Möglichkeit haben würden, eine Gebühr zu zahlen, um damit gegen eine andere Person eine Strafe zu erwirken. Wir fanden heraus, dass in diesem Spiel viel mehr Sanktionen verhängt wurden als der voraussagte Nullwert.[9] Die Beteiligten erhöhten durch ihre Sanktionen zwar den Gesamtertrag, verringerten aber den Nettonutzen durch die übermäßige Nutzung kostspieliger Sanktionen erheblich.[10] Sanktioniert wurde in erster Linie, wer sich defektierend verhielt. Einige Sanktionen richteten sich aber auch gegen jene, die wenig beigetragen hatten – als eine Art Rache derer, die sanktioniert hatten. In einem weiteren Design, wurde den Teilnehmenden die Möglichkeit gegeben, miteinander zu sprechen und zu entscheiden, ob sie ein eigenes Sanktionssystem einführen wollten. Diejenigen, die sich dafür entschieden, erzielten in allen Laborexperimenten zum Gemeinressourcen-Management die höchsten Renditen – 90 Prozent des Optimums nach Abzug der Strafen für wenige Fehltritte.[11]

Die Voraussagen der nichtkooperativen Spieltheorie werden also in Gemeinressourcen-Dilemmas nur dann in den Grundzügen bestätigt, wenn die Teilnehmenden eines Laborexperiments die Reputation der anderen Beteiligten nicht kennen und nicht mit ihnen kommunizieren können. Wenn die Versuchspersonen hingegen von Angesicht zu Angesicht kommunizieren, einigen sie sich häufig auf gemeinsame Strategien und halten sich an ihre Vereinbarungen, was ihren Nettonutzen deutlich erhöht. Zudem ermöglicht der Austausch darüber, ob ein Sanktionssystem eingeführt und wie es gestaltet wird, denjenigen, die sich für diese Option entscheiden, eine nahezu optimale Rendite.

B. Untersuchungen in Feldexperimenten

Inzwischen wurde von Kolleg:innen eine Reihe von Feldexperimenten in Kolumbien durchgeführt, um herauszufinden, ob erfahrene Dorfbewohner:innen, die von den beforschten Ressourcen abhängig sind, über die »im Wald verbrachte Zeit« entscheiden. Das Design der Experimente war mathematisch konsistent und stimmte mit den oben beschriebenen überein. Cardenas führte diese Feldexperimente zu Gemeinressourcen an Schulen in ländlichen Regionen mit über 200 Nutzer:innen von örtlichen Wäldern durch.[12] Er veränderte das Design der Experimente, so dass es Experimente ohne und mit Kommunikation von Angesicht zu Angesicht gab und die Dorfbewohner:innen jeweils aufgefordert waren, über die »Holzernte« zu entscheiden. Die Ergebnisse stimmten weitgehend mit jenen überein, die wir in den Studien mit Universitätsstudierenden gewinnen konnten.

Die Feldforschung von Cardenas, Stranlund und Willis[13] folgte einem anderen Design. Sie führten zunächst zehn Runden der Basisexperimente mit Ressourcennutzer:innen aus fünf Dörfern durch. Anschließend erhielten die Beteiligten die Möglichkeit, in den nächsten Versuchsrunden direkt miteinander zu kommunizieren. In fünf weiteren Dörfern wurde den Teilnehmenden nach den Grundexperimenten mitgeteilt, dass eine neue Verordnung in Kraft treten würde, die sie verpflichtete, in jeder Runde nicht mehr als die optimale Zeit im Wald zu verbringen. Die Wahrscheinlichkeit einer Überprüfung lag in jeder Runde bei 1/16. Das ist zur Überwachung der Einhaltung von Vorschriften in ländlichen Gebieten von Entwicklungsländern nicht viel, aber es ist realistisch. Überschritt eine Person das vorgegebene Limit, wurde etwas von den Auszahlungen an die Person abgezogen. Diese Strafe wurde den anderen nicht mitgeteilt. In dieser Versuchsanordnung erhöhte sich die Rückzugsquote der Beteiligten im Vergleich zu Ergebnissen, die erzielt wurden, wenn direkte Kommunikation gestattet und keine Regel auferlegt war. Auch andere Wissenschaftler:innen haben festgestellt, dass von außen auferlegte Regulierungen, die theoretisch zu besseren gemeinsamen Erträgen führen würden, freiwilliges Kooperationsverhalten »verdrängt«.[14]

Fehr und Leibbrandt haben interessante Experimente zu öffentlichen Gütern durchgeführt, mit Fischer:innen, die »freien Zugang« zu einem Binnensee im Nordosten Brasiliens hatten.[15] In der ersten Phase des Feldversuchs leistete ein hoher Prozentsatz (87 Prozent) der Fischer:innen einen Beitrag. In den folgenden Runden flachten die Beiträge ab. Fehr und Leibbrandt untersuchten die Maschenweite der von den einzelnen Fischer:innen verwendeten Netze. Sie stellten fest, dass diejenigen, die im Öffentliche-Güter-Experiment mehr beitrugen, Netze mit einer größeren Maschenweite verwendeten. Größere Maschenweiten ermöglichen es den jungen Fischen zu entkommen, zu wachsen und sich stärker zu vermehren, als wenn sie klein gefangen werden. Die Zusammenarbeit in diesem Feldexperiment entsprach dem, was an Kooperation in einem echten Gemeinressourcen-Dilemma beobachtet wird. Die Forscher:innen schlussfolgern, dass die »Tatsache, dass unsere Messung im Labor zu den fremdbezüglichen Präferenzen das Verhalten im Feld vorhersagt, unser Vertrauen in die aus Laborexperimenten gewonnene Verhaltensrelevanz von fremdbezüglichen Präferenzen erhöht«.[16]

Zusammenfassend lässt sich feststellen: Die Experimente zu Gemeinressourcen und öffentlichen Gütern haben gezeigt, dass viele Vorhersagen der konventionellen Theorie zu kollektivem Handeln unzutreffend sind. Es kommt zu mehr Kooperation als erwartet, ein ›kleiner Schwatz‹ verbessert die Kooperation, und die Menschen investieren in die Bestrafung von Trittbrettfahrer:innen. Die Experimente belegen zudem die Heterogenität der Motivationen, wenn es um die Entnahme oder den Beitrag von Anteilen geht oder wenn über Sanktionen entschieden wird.

6. Untersuchung von Gemeinressourcen-Problemen in der Praxis

Nachdem wir umfangreiche Metaanalysen von Fallstudien und Experimenten durchgeführt hatten, mussten wir zusätzlich

Feldstudien unternehmen. Bei diesen konnten wir den IAD-Analyserahmen nutzen, um die Fragestellungen zu entwerfen und konsistente Information über Schlüsselvariablen in verschiedenen Kontexten zu Tage zu fördern.

A. Selbst- und staatlich verwaltete Bewässerungssysteme in Nepal: ein Vergleich

Eine Gelegenheit, Nepal 1988 zu besuchen, führte dazu, dass ich zahlreiche verschriftlichte Studien über Bewässerungssysteme, die von den Bäuerinnen und Bauern selbst aufgebaut und unterhalten wurden, entdeckte, ebenso einige Studien zu Bewässerungssystemen, die von der Regierung gebaut und verwaltet wurden. Ganesh Shivakoti, Paul Benjamin und ich konnten daraufhin das Gemeinressourcen-Kodierungshandbuch überarbeiten und Variablen neu hinzunehmen, die für das Verständnis von Bewässerungssystemen von besonderer Bedeutung waren. So entstand ein neues Kodierungshandbuch für das Projekt ›Nepal Bewässerung und Institutionen‹ (Nepal Irrigation and Institutions, NIIS). Wir kodierten bestehende Fälle und fanden erneut zahlreiche, von den ursprünglichen Autor:innen nicht diskutierte, »fehlende Variablen«. Kolleg:innen von uns unternahmen mehrere Reisen nach Nepal, um die in den Fallstudien beschriebenen Orte aufzusuchen und die Daten der ursprünglichen Studie zu überprüfen sowie fehlende Daten zu ergänzen. Während der Feldforschung konnten wir zudem neue Fälle in den Datensatz aufnehmen.[1]

Bei der Analyse dieses großen Datensatzes entwickelte Lam drei Leistungsmerkmale, die für alle Beispielfälle angewendet werden können:[2]

(1) der physische Zustand der Bewässerungssysteme,
(2) die Wassermenge, die den Bäuerinnen und Bauern am Rande eines Bewässerungssystems zu verschiedenen Jahreszeiten zur Verfügung steht, und
(3) die landwirtschaftliche Produktivität.

Nach der Überprüfung der unterschiedlichen Umweltbedingungen der Fallstudien stellte Lam fest, dass Bewässerungssysteme, die von den Bäuerinnen und Bauern selbst verwaltet werden, bei allen drei Merkmalen deutlich besser abschneiden. Bei den selbstverwalteten Systemen kommunizieren die Landwirt:innen regelmäßig informell und auf Jahresversammlungen miteinander. Sie entwickeln ihre eigenen Vereinbarungen, legen fest, wer das System überwacht und sanktionieren diejenigen, die sich nicht an ihre eigenen Regeln halten. Daher ist es wahrscheinlich, dass von den Bäuerinnen und Bauern unterhaltene Systeme mehr Reis produzieren, das Wasser gerechter verteilen und die Anlagen in besserem Zustand halten als staatliche Systeme. Die selbstverwalteten Bewässerungssysteme variieren zwar in ihrer Leistung, aber nur wenige schneiden – wenn andere relevante Variablen konstant gehalten werden – so schlecht ab wie staatliche Systeme.

Im Laufe der Zeit haben Kolleg:innen noch weitere Bewässerungssysteme in Nepal besucht und kodiert. Die bisherigen Erkenntnisse zum höheren Leistungsniveau der von den Bäuerinnen und Bauern selbst gesteuerten Systeme wurde – unter Nutzung der umfangreicheren Datenbank mit 229 Bewässerungssystemen – erneut bestätigt.[3] Unsere Ergebnisse beschränken sich nicht auf Nepal. Wissenschaftler:innen haben in vielen Ländern von den Bäuerinnen und Bauern entwickelte und betriebene Systeme sorgfältig untersucht, etwa in Japan[4], Indien[5] und Sri Lanka[6].

Im Jahr 1992 bat Dr. Marilyn Hoskins, die das Programm »Wald, Bäume und Menschen« der Ernährungs- und Landwirtschaftsorganisation (FAO) der Vereinten Nationen leitete, die Kolleg:innen am Workshop für Politische Theorie und Policy-Analyse, unsere Erfahrungen mit Bewässerungssystemen zu nutzen, um Methoden zu entwickeln, mit denen sich die Auswirkungen verschiedener Waldbewirtschaftungssysteme in mehreren Ländern erforschen lassen. Zwei Jahre intensiver Entwicklung und Überarbeitung durch Ökolog:innen und Sozialwissenschaftler:innen aus der ganzen Welt führten zur Erarbeitung von zehn Forschungsprotokollen, um zuverlässige Informationen über die Nutzer:innen, die Bewirtschaftung sowie über die ökologischen Bedingungen der beforschten Wälder zu erhalten. Ein langfristiges kooperatives Forschungsnetzwerk – das Forschungsprogramm Internationale Forstressourcen und Institutionen (International Forestry Resources and Institutions, IFRI) – wurde mit Standorten in Bolivien, Kolumbien, Guatemala, Indien, Kenia, Mexiko, Nepal, Tansania, Thailand, Uganda und den Vereinigten Staaten eingerichtet, neue Zentren entstanden in Äthiopien und China.[7] Das IFRI ist einzigartig in seinem Bemühen, die Wälder zu erforschen, da es das einzige interdisziplinäre und langfristige Überwachungs- und Forschungsprogramm ist, das Wälder von Regierungen, privaten Organisationen und Gemeinschaften untersucht.

Wälder sind eine besonders wichtige Gemeinressource wegen ihrer Rolle bei den klimarelevanten Emissionen und der Kohlenstoffbindung,[8] wegen der biologischen Vielfalt, die sie bergen, und wegen ihrer Bedeutung für den Lebensunterhalt der Menschen in den ländlichen Regionen von Entwicklungsländern. Eine ›beliebte‹ Politikempfehlung zum Schutz der Wälder und der biologischen Vielfalt sind staatliche Schutzgebiete.[9] Hayes[10] hat IFRI-Daten verwendet, um zu untersuchen, ob staatliches Eigentum an diesen Gebieten eine notwendige Bedingung für die Verbesserung der Walddichte ist. Mit diesen hat er die von den Förster:innen oder Ökolog:innen, die die Vermessung von Bäumen, Sträuchern und Bodenbedckung in Zufallsstichproben einzelner Waldparzellen beaufsichtigt hatten, angegebenen Walddichten (auf einer Fünf-Punkte-Skala) verglichen.[11] Von den 163 untersuchten Wäldern waren 76 Staatseigentum und gesetzlich als geschützte Wälder ausgewiesen und 87 waren öffentliches, privates oder kommunales Waldland, das für viele unterschiedliche Zwecke genutzt wurde. Es gab keinen statistischen Unterschied zwischen der Walddichte in offiziell ausgewiesenen Schutzgebieten im Vergleich zu anderen bewaldeten Gebieten. Gibson, Williams und Ostrom untersuchten das Überwachungsverhalten von 178 Waldnutzer:innengruppen und fanden eine starke Korrelation zwischen dem Grad der Überwachung und der Einschätzung der Walddichte durch den Förster, selbst wenn man die Berechnung danach bereinigt, ob die Nutzer:innen formell organisiert oder stark von einem Wald abhängig waren, sowie nach dem Niveau des Sozialkapitals innerhalb einer Gruppe.[12]

Chhatre und Agrawal[13] haben inzwischen die Veränderungen des Zustands von 152 Wäldern mit verschiedenen Bewirtschaftungsformen untersucht und dabei die Größe des Waldes, kollektive Aktivitäten zur Verbesserung der Wälder, die Größe der Nutzer:innengruppe sowie die Abhängigkeit der lokalen Nutzer:innen vom Wald berücksichtigt. Sie fanden heraus, dass

> Wälder mit höherer Regenerationswahrscheinlichkeit eher klein bis mittelgroß sind und einen geringen Grad an Subsistenzabhängigkeit haben, von geringem kommerziellen Wert sind, Regeln auf lokaler Ebene in hohem Maße durch-

gesetzt werden und viel gemeinsam zur Verbesserung der Waldqualität getan wird.[14]

In einer zweiten großen Analyse konzentrierten sich Chhatre und Agrawal[15] auf Faktoren, die Zielkonflikte und Synergien zwischen dem Grad der Kohlenstoffspeicherung durch die Wälder und ihrem Beitrag zum Lebensunterhalt beeinflussen. Sie stellen fest, dass größere Wälder hinsichtlich beider Aspekte, Kohlenstoffspeicherung und Lebensunterhalt, erfolgversprechender sind, insbesondere dann, wenn die lokalen Gemeinschaften auch über ein hohes Maß an Autonomie in der Regelsetzung verfügen.

Aktuelle Studien von Coleman[16] sowie Coleman und Steed[17] kommen ferner zu dem Schluss, dass ein wichtiger Faktor, der sich auf den Zustand der Wälder auswirkt, die Energie ist, die lokale Nutzer:innen in die Überwachung stecken. Zusätzlich sind sie eher bereit, illegale Nutzungen selbst zu überwachen, wenn ihnen Entnahmerechte eingeräumt werden. Auch andere Studien in diesem Bereich betonen die Beziehung zwischen lokaler Überwachung und einem besseren Zustand der Wälder.[18]

Die rechtliche Ausweisung eines Waldes zum Schutzgebiet hängt *nicht* per se mit der Walddichte zusammen. Detaillierte Feldstudien zur tatsächlich stattfindenden Überwachung und Durchsetzung von Regeln zeigen jedoch, wie schwierig es ist, ohne die aktive Beteiligung der lokalen Waldnutzer:innen ein starkes Nachwachsen des Waldes zu erreichen.[19] Unsere Forschung zeigt, dass Wälder in unterschiedlichen Eigentumsverhältnissen – staatlich, privat, gemeinschaftlich – bisweilen sozialen Zielen wie dem Schutz der biologischen Vielfalt, der Kohlenstoffspeicherung oder der Verbesserung der Lebensbedingungen dienen. In anderen Fällen versagen diese Eigentumsregime beim Erreichen solcher Ziele. Wenn Regierungen eine Top-Down-Politik der Dezentralisierung betreiben, aber lokale Funktionär:innen und Nutzer:innen im Unklaren über ihr Tun lassen, können robuste Wälder der Entwaldung zum Opfer fallen.[20] Somit ist nicht die übergeordnete Art der Waldbewirtschaftung als solche ausschlaggebend, um den Zustand der Wälder zu erklären; stattdessen geht es darum, herauszufinden, ob ein bestimmtes Governance-Regime zur lokalen Ökologie passt, wie spezifische Regeln im Laufe der Zeit entwickelt und angepasst werden und ob die Nutzer:innen das System als legitim und gerecht empfinden.[21]

7. Aktuelle Entwicklungen der Theorie

Wo stehen wir jetzt, nach einem halben Jahrhundert eigener umfangreicher empirischer Forschung und der Arbeit vieler angesehener Wissenschaftler:innen?[1] Was haben wir gelernt? Einerseits wissen wir jetzt, dass die ursprünglichen Theorien von rationalen, aber hilflos in sozialen Dilemmas gefangenen Individuen von zahlreichen Studien mit unterschiedlichen Methoden nicht unterstützt werden.[2] Andererseits dürfen wir nicht zu optimistisch sein und davon ausgehen, dass Dilemmas immer von den Beteiligten gelöst werden. Viele Gruppen haben sich redlich bemüht und sind dennoch gescheitert.[3] Außerdem können einfache politische Rezepte, wie das Überantworten von Ressourcen an eine Regierung, wie Privatisierung oder in letzter Zeit Dezentralisierung, ebenfalls scheitern.[4]

Wir stehen also vor der schwierigen Aufgabe, unsere Theorien weiterzuentwickeln, um besser zu verstehen und vorherzusagen, wann die an einem Gemeinressourcen-Dilemma Involvierten in der Lage sind, sich selbst zu organisieren, und wie sich verschiedene Aspekte des ausgedehnteren Kontextes, in dem sie sich befinden, auf ihre Strategien, den kurzfristigen Erfolg ihrer Bemühungen und die langfristige Robustheit ihrer anfänglichen Erfolge auswirken. Wir müssen ein besseres theoretisches Verständnis des menschlichen Verhaltens sowie der Auswirkungen der verschiedenen Kontexte, denen die Menschen ausgesetzt sind, entwickeln.

A. Entwicklung einer allgemeineren Theorie des Individuums

Wie in Abschnitt 3 bereits erörtert, sind Bemühungen zur Erklärung von Phänomenen des sozialen Lebens auf drei Abstraktionsebenen organisiert. Analyserahmen wie das IAD, die verwendet worden sind, um Gemeinressourcen in unterschiedlicher Weise zu untersuchen, sind metatheoretische Instrumente, die dazu beitragen, eine allgemeine Sprache zur Beschreibung von Beziehungen auf mehreren Ebenen und Skalen zu finden. Theorien sind Versuche, Verständnis zu schaffen, indem grundlegende Annahmen über bestimmte funktionale Bestandteile häufig auftretender Phänomene formuliert und zu erwartende allgemeine Ergebnisse vorhergesagt werden. Modelle wiederum sind sehr spezifische Anwendungsfälle einer *Theorie* – werden allerdings häufig mit Theorien selbst verwechselt. Wie Alchian[5] schon vor geraumer Zeit feststellte, ist die sogenannte Theorie der rationalen Wahl keine umfassende Theorie des menschlichen Verhaltens, sondern ein nützliches *Modell*, um Verhalten in einer bestimmten Situation – etwa ein stark wettbewerbsorientierter Markt für Privatgüter – vorherzusagen. Die aus diesem Modell rationaler Wahl abgeleiteten Vorhersagen werden empirisch für offene Privatgütermärkte und andere kompetitive Umgebungen gestützt.[6] Es ist also ein nützliches Modell, das zur Vorhersage von Ergebnissen unter Wettbewerbsbedingungen herangezogen werden kann.

Es gibt zwar noch keine *Theorie* des menschlichen Verhaltens, die erfolgreich für vielfältige Umstände formuliert und getestet wurde. Dennoch postulieren und testen Wissenschaftler gegenwärtig Annahmen, die wahrscheinlich im Mittelpunkt zukünftiger Entwicklungen stehen werden.[7] Diese beziehen sich auf

(1) die Fähigkeit begrenzt rationaler Individuen, umfassendere und zuverlässigere Informationen in wiederholten Situationen zu lernen, wenn zuverlässiges Feedback vorhanden ist,
(2) die Verwendung von Heuristiken bei der täglichen Entscheidungsfindung sowie
(3) die Präferenzen, die Individuen in Bezug auf ihre eigenen Vorteile haben, sowie Normen und Präferenzen, die sich auf den Nutzen für andere beziehen.[8]

Die Annahme, dass Individuen über vollständige Informationen über all ihre Handlungsmöglichkeiten verfügen, über die von anderen wahrscheinlich eingesetzten Strategien und über die sich aus ihren eigenen Entscheidungen wahrscheinlich ergebenden Konsequenzen, muss in allen außer den einfachsten, immer wiederkehrenden Situationen zurückgewiesen werden. Wenn begrenzt rationale Individuen über längere Zeiträume hinweg interagieren, kann vernünftigerweise angenommen werden, dass sie genauere Informationen über mögliche Handlungsstrategien und die wahrscheinlichen Handlungen der anderen aufnehmen.[9] Einige hochkomplexe Umgebungen des Gemeinressourcen-Managements kommen jedoch dem mathematischen Chaos nahe,[10] in dem die Nutzer:innen keine vollständigen Informationen über alle möglichen Kombinationen künftiger Ereignisse erhalten können.

In vielen Situationen verwenden Menschen Faustregeln – Heuristiken –, die sie im Laufe der Zeit erlernt haben und die in einem bestimmten Umfeld relativ gut funktionieren. Wenn Angler:innen durch die Verwendung von Heuristiken dazu befähigt werden, verschiedene Hinweise auf Umweltprozesse zu erkennen, die sie bei ihren eigenen Entscheidungen berücksichtigen müssen, dann ist es letztlich so, dass sie »nach Wissen fischen«[11]. Wenn Menschen wiederholt interagieren, ist es möglich, Heuristiken zu erlernen, die sich »Best-Response«-Strategien annähern und nahe an lokale Optima herankommen.[12] In Zeiten rapiden Wandels oder plötzlicher Schocks kann es jedoch sein, dass diese Heuristiken die Individuen nicht in die Lage versetzen, hohe Erträge zu erzielen.

Individuen lernen auch Normen – innere Bewertungen, die sich negativ oder positiv auf bestimmte Handlungen beziehen, wie etwa das Lügen oder Tapfersein in bestimmten Situationen.[13] Die Stärke einer inneren Verpflichtung[14] kann durch die Höhe einer internen Gewichtung, die eine Person den Handlungen und Ergebnissen in einem bestimmten Umfeld zuweist, dargestellt werden. Unter den individuellen Normen sind auch diejenigen, die sich auf die Bewertung der Ergebnisse anderer beziehen.[15] Fehr und Schmidt machen den Vorschlag, dass Individuen ungleiche Kooperationsergebnisse nicht mögen und daher eine interne Norm der »Ungleichheitsaversion« mitbringen.[16] Axelrod[17] geht davon aus, dass Individuen, die hinsichtlich der Einhaltung der gemeinsam entwickelten Normen durch andere Metanormen annehmen, die Wahrscheinlichkeit erhöhen, dass Normen befolgt werden. Leibbrandt, Gneezy und List zeigen, dass Personen, die regelmäßig in Teams arbeiten, Normen eher übernehmen und einander mehr vertrauen als Menschen, die allein arbeiten.[18] Frohlich und Oppenheimer gehen davon aus, dass viele Menschen Fairness- und Gerechtigkeitsnormen annehmen.[19] Nicht alle haben jedoch die gleichen Normen oder die gleichen Wahrnehmungen einer Situation,[20] und sie können sich zudem erheblich darin unterscheiden, ob sie eine bestimmte Art der Kostenteilung als gerecht empfinden.[21]

Die einfache Annahme, dass Menschen Normen aufgreifen, reicht allerdings nicht aus, um ihr Verhalten in sozialen Dilemma-Situationen vorherzusagen, schon gar nicht in sehr großen Gruppen ohne Kommunikationsmöglichkeiten. Selbst bei starken Präferenzen zur Befolgung von Normen, »kann das beobachtete Verhalten je nach Kontext variieren, weil sich die Wahrnehmung des ›Richtigen‹ ändert«.[22] Verschiedene Aspekte der Kontexte, in denen Menschen interagieren, beeinflussen, wie Individuen die Situation, in der sie sich befinden, sowie diejenigen, mit denen sie interagieren, wahrnehmen. Individuelle Verschiedenheiten machen zwar einen Unterschied, aber auch der Interaktionskontext beeinflusst im Laufe der Zeit das Verhalten.[23] Biolog:innen wissen, dass Aussehen und Verhalten eines Organismus von der Umgebung beeinflusst werden, in der sich der Organismus entwickelt.

> Zum Beispiel produzieren einige Pflanzen bei schwachem Licht große, dünne Blätter (was die Photosynthese optimiert), bei starkem Licht aber produzieren sie schmale, dickere Blätter (die Wasser sparen). Bestimmte Insekten entwickeln nur dann Flügel, wenn sie unter beengten Verhältnissen leben (und daher wahrscheinlich an ihrem derzeitigen Standort keine ausreichende Nahrung finden werden). Eine solche umweltbedingte Entwicklung ist also so gewöhnlich, dass sie als universelle Eigenschaft des Lebendigen anerkannt werden kann.[24]

Sozialwissenschaftler:innen müssen daher anerkennen, dass individuelles Verhalten stark von dem Kontext abhängt, in dem die Interaktionen stattfinden, und nicht einfach das Ergebnis individueller Unterschiede ist.

Auch wenn Arrow[25] schon vor langer Zeit auf die entscheidende Rolle von Vertrauen zwischen den Teilnehmenden als effizienteste Möglichkeit zur Verbesserung der Transaktionsergebnisse hingewiesen hat, hat die Theorie des kollektiven Handelns mehr Aufmerksamkeit auf Auszahlungsfunktionen gerichtet als auf die Frage, wie Menschen Vertrauen aufbauen, wo andere dieses nur bei aufwendigen Kooperationsanstrengungen erwidern. Empirische Studien bestätigen jedenfalls die wichtige Rolle des Vertrauens zur Überwindung sozialer Dilemmas.[26] Wie in Abbildung 5 illustriert, können aktualisierte theoretische Annahmen über lernende und Normen annehmende Individuen als Grundlage genutzt werden, um zu verstehen, wie Menschen mehr Vertrauen in andere gewinnen können. Dies führt zu Feedback-Mechanismen, die positives oder negatives Lernen stärken, zu mehr Kooperation und einem höheren Nutzen. Individuen nehmen Normen nicht nur an, sondern die Struktur der Situation generiert auch genügend Informationen über das wahrscheinliche Verhalten anderer, die ihren Anteil an den Kosten zur Überwindung eines Di-

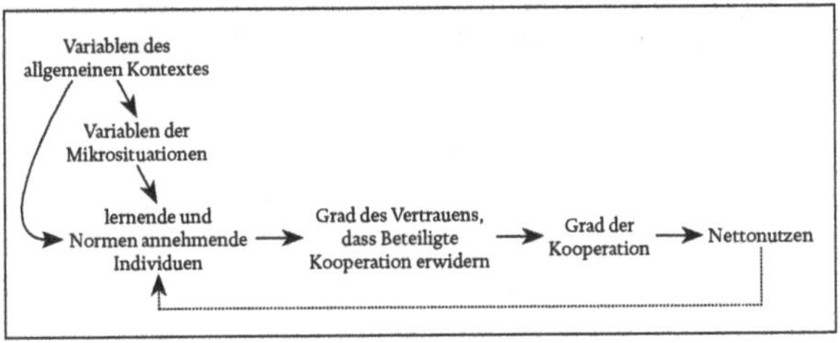

Abbildung 5: Variablen der Mikrosituationen und des allgemeineren Kontextes von sozialen Dilemmas wirken auf die Grade des Vertrauens und der Kooperation.[27]

lemmas tragen und sich somit als vertrauenswürdig reziprok handelnde Gegenüber darstellen. Daher kann man in einigen Kontexten über die Annahme hinausgehen, dass rationale Individuen sozialen Dilemmas hilflos ausgeliefert sind.

C. Die Situationsanalyse auf Mikroebene

Die Feststellungen, dass der Kontext einen Unterschied für das Herstellen und Zerstören von Vertrauen und Reziprozität macht, ist noch keine hinreichende theoretische Antwort darauf, wie und warum Menschen Dilemmas manchmal lösen können und manchmal nicht. Wer sich in einer Dilemma-Situation befindet, sieht sich mit zwei Kontexten konfrontiert:

(1) einem Mikrokontext, der sich auf die spezifischen Eigenschaften einer Handlungssituation bezieht, in der Individuen direkt miteinander umgehen, und
(2) dem allgemeineren Kontext des sozial-ökologischen Systems, in dem Menschengruppen Entscheidungen treffen.

Ein großer Vorteil von Studien, die in einem wissenschaftlichen Labor oder in Feldexperimenten durchgeführt werden, ist, dass der Forscher bzw. die Forscherin das Mikrosetting des Experiments selbst gestaltet. Daher gibt es immer mehr Belege[28] dafür, dass die folgenden Eigenschaften von Mikrosituationen den Grad der Kooperation beeinflussen, den die Beteiligten in sozialen Dilemma-Situationen erreichen (sowohl im Umgang mit öffentlichen Gütern als auch mit Gemeinressourcen).

1. Kommunikation ist mit allen Beteiligten möglich: Wenn Kommunikation von Angesicht zu Angesicht möglich ist,

nutzen die Beteiligten Mimik, Gestik sowie die Art zu sprechen, um die Vertrauenswürdigkeit der anderen Beteiligten zu beurteilen.

2. Die Reputation der Beteiligten ist bekannt: Das Wissen um die Vorgeschichte von Menschen, die vor der Interaktion möglicherweise nicht persönlich bekannt sind, erhöht die Wahrscheinlichkeit der Zusammenarbeit.
3. Hoher Grenzertrag pro Kopf (*high marginal per capita return*, MPCR): Wenn der MPCR hoch ist, können alle Beteiligten wissen, dass der je eigene Beitrag einen größeren Unterschied macht, als wenn der MPCR niedrig ist, und dass die anderen Beteiligten diese Relation mit höherer Wahrscheinlichkeit erkennen.
4. Eintritts- oder Ausstiegsmöglichkeiten: Wenn der Ausstieg aus einer Situation für die Beteiligten zu geringen Kosten möglich ist, müssen die Kooperierenden nicht als die Dummen dastehen, und andere können erkennen, dass Kooperierende eine Situation verlassen (und in andere Situationen eintreten) können, sofern ihre Kooperation nicht erwidert wird.
5. Längerer Zeithorizont: Die Beteiligten können antizipieren, dass durch langfristige Kooperation mehr verdient werden kann als in einem kurzen Zeitraum.
6. Vereinbarte Sanktionsmöglichkeiten: Während externe Sanktionen oder verordnete Sanktionssysteme die Zusammenarbeit schmälern können, kommen Sanktionssysteme, auf die sich die Beteiligten selbst geeinigt haben, oft gar nicht in großem Umfang zur Anwendung, was den Nettonutzen erheblich verbessern kann.

Andere Variablen von Mikrosituationen werden auf der ganzen Welt experimentell getestet. Kern der Ergebnisse ist, dass Menschen in einem sozialen Dilemma eher zur Kooperation bereit sind, wenn die Kontextvariablen die Wahrscheinlichkeit erhöhen, dass sie Vertrauen gewinnen, dass andere Teilnehmende Kooperation erwidern.

D. Der breitere Kontext in der Praxis

Menschen, die in der konkreten Gemeinressourcen-Nutzung mit Dilemmas konfrontiert sind, werden zusätzlich von einem breiteren Set von Kontextvariablen beeinflusst. Diese Variablen sind verbunden mit den Eigenschaften des sozial-ökologischen Systems (*social-ecological system*, SES), innerhalb dessen sie interagieren. Eine Gruppe von Wissenschaftler:innen in Europa und den USA arbeitet derzeit an der Entwicklung eines Analyserahmens, der das IAD auf Mikroebene mit einem breiteren Set von Variablen verbindet, die sich im Feld als relevant erweisen.[29] Wie in Abbildung 6 veranschaulicht, kann man sich Individuen in einer Handlungssituation vorstellen, die Interaktionen und Ergebnisse erzeugen, welche wiederum durch das Ressourcensystem, die Ressourceneinheiten sowie das Governance-System beeinflusst sind und diese beeinflussen, sowie Nutzer:innen, die den sozialen, wirtschaftlichen und politischen Kontext sowie die mit dem System verbundenen Ökosysteme beeinflussen und von diesen beeinflusst werden.[30] Abbildung 6 gibt einen Überblick über die Variablen der höchsten Ebene, die in allen Umgebungen im Feld zu finden sind. Die höchste Ebene kann mehrere Male aufgefächert werden, wenn spezifische Fragen im Zusammenhang mit dem SES im Feld analysiert werden sollen. In diesem Beitrag ist jedoch weder genug Zeit noch Raum, dies gründlich zu tun.

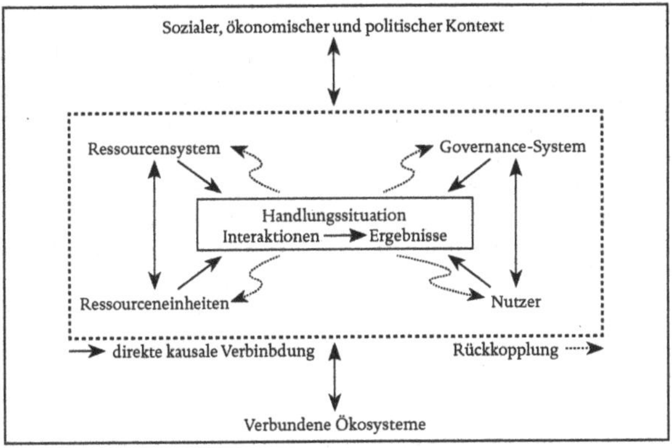

Abbildung 6: In größere sozial-ökologische Systeme eingebettete Handlungssituationen[31]

Die experimentelle Forschung hat hinsichtlich des Einflusses der Mikrosituationsvariablen auf Anreize, Grade des Vertrauens und Verhalten von Individuen in Dilemma-Situationen mehr Übereinstimmung erzeugt, als das bei der feldstudienbasierten Forschung der Fall ist. Einige SES-Variablen wirken komplett unabhängig auf die Handlungssituation oder das wahrscheinliche Verhalten der Beteiligten. Die wichtigsten unterscheiden sich, je nach Interaktion (z. B. Überwachung, Konflikt, Lobbying, Selbstorganisation) oder langfristigen Ergebnissen (z. B. Überfischung, Regeneration der biologischen Vielfalt, Widerstandsfähigkeit eines Ökosystems gegenüber menschlichen und naturbedingten Störungen), die man voraussagen möchte. Ein Set von zehn Variablen wurde über viele Feldstudien hinweg identifiziert, die die Wahrscheinlichkeit von Selbstorganisation zur Überwindung von Gemeinressourcen-Dilemmas betreffen.[32] Diese sind: Größe, Produktivität und Berechenbarkeit des Ressourcensystems, das Maß der Mobilität der Ressourceneinheiten[33], das Vorhandensein von Regeln der kollektiven Wahl, mit denen die Nutzer:innen ihre eigenen operativen Regeln selbstbestimmt ändern können, sowie vier Eigenschaften der Nutzer:innen (die Anzahl, das Vorhandensein von Führung/Unternehmertum, das Wissen über das sozial-ökologische System und die Wichtigkeit des SES für die Nutzenden). Die Verknüpfung allgemeinerer Kontextvariablen mit Mikrokontextvariablen gehört zu den Hauptaufgaben der Forschenden, die verstehen wollen, wie sowohl soziale als auch ökologische Faktoren das menschliche Verhalten beeinflussen.[34]

8. Komplexität und Reform

Die Wirtschafts- und Sozialwissenschaften haben sich in den letzten fünf Jahrzehnten, seit zwei optimale Organisationsformen, zwei Güterkategorien und ein Menschenbild postuliert wurden, erheblich weiterentwickelt. Umfassende empirische Forschung dokumentiert die vielfältigen Situationen, in denen die Menschen Probleme im Umgang mit Gemeinressourcen selbst lösen. Sie beschreibt, wann solche Lösungen langfristig tragen und wie größere institutionelle Anordnungen die Fähigkeiten der Menschen verbessern oder untergraben können, in überschaubaren Kontexten Probleme effizient und nachhaltig zu lösen.[1] Zwar gibt es noch keine einheitliche, gut entwickelte Theorie, um die verschiedenen Ergebnisse zu erklären, die sich in Mikrosettings – wie dem Versuchslabor – oder in größeren Umgebungen – Fischgründe, Bewässerungssysteme, Wälder, Seen und andere Gemeinressourcen – finden lassen. Aber es besteht ein hohes Maß an Übereinstimmung. Schließlich haben wir auch nicht die eine normative Theorie der Gerechtigkeit, die eindeutig auf alle Kontexte angewendet werden könnte.[2]

Von zentraler Bedeutung zur Lösung sozialer Dilemmas ist, Vertrauen zueinander aufzubauen und Regeln zu entwickeln, die gut auf die Nutzung der jeweiligen ökologischen Systeme abgestimmt sind. Die überraschende, aber wiederholt gemachte Feststellung, dass Nutzer:innen von Ressourcen, die sich in einem relativ guten – oder gar bessernden – Zustand befinden, in verschiedene Formen des gegenseitigen Monitorings investieren, hängt mit dem Kernproblem der Vertrauensbildung zusammen.

Leider haben Analyst:innen, Beamt:innen und Wissenschaftler:innen, die in ihren Feldstudien noch immer auf einfache mathematische Modelle zurückgreifen, die hier formulierten Lehren noch nicht verinnerlicht. Allzu oft wird ein einzelnes politisches Rezept – wie etwa übertragbare Individualquoten (Individual Transferable Quotas, ITQs) – für alle Ressourcen eines bestimmten Typs, z. B. alle Fischgründe, empfohlen. Während nun einige ITQ-Systeme durchaus erfolgreich angewendet werden, erfordert die Anpassung des groben theoretischen ITQ-Konzepts an einen konkreten operationalen Kontext mehrere Jahre harter Arbeit für die beteiligten Fischer:innen und Behörden.[3]

Die wichtigste Lehre für die Politikanalyse und -gestaltung, die sich aus der hier skizzierten intellektuellen Reise ableiten lässt, lautet, dass Menschen komplexere Motivationsstrukturen und mehr Fähigkeiten zur Lösung sozialer Dilemmas mitbringen als die Theorie der rationalen Wahl annimmt. Beinahe im gesamten vergangenen halben Jahrhundert haben Politikberater:innen das Ziel postuliert, dass Regierungen Institutionen zu gestalten hätten, die rein selbstinteressierte Individuen zwingen (oder anstoßen), bessere Ergebnisse zu erzielen. Umfassende empirische Forschung veranlasst mich zu der Argumentation, dass ein Hauptziel der Politik vielmehr darin bestehen sollte, Institutionen zu entwickeln, die das Beste im

Menschen fördern. Wir müssen fragen, wie verschiedene polyzentrische Institutionen die Innovationsfähigkeit, Lernfähigkeit, Anpassungsfähigkeit, Vertrauenswürdigkeit und Kooperationsbereitschaft der Beteiligten fördern oder behindern, um effektivere, gerechtere und nachhaltigere Ergebnisse auf verschiedenen Ebenen zu erreichen.[4]

Um die Welt der Interaktionen und deren Ergebnisse auf verschiedenen Maßstabsebenen zu erklären, müssen wir auch mit Komplexität umgehen wollen, anstatt sie abzulehnen. Einige mathematische Modelle sind sehr nützlich, um die Ergebnisse in bestimmten Situationen zu erklären. Wir sollten auch weiterhin einfache Modelle verwenden, wo sowohl die grundlegende Struktur als auch die Anreize gut erfasst werden können und somit Ergebnisse sinnvoll vorhersagbar werden. Wenn sich die Welt, die wir erklären und verbessern wollen, jedoch nicht in einfachen Modellen beschreiben lässt, müssen wir unsere Analyserahmen und Theorien weiter verbessern.

Danksagung

Ich möchte Vincent Ostrom und meinen vielen Kolleg:innen beim Workshop danken, die in all diesen Jahren mit mir zusammengearbeitet haben, um das Forschungsprogramm zu entwickeln, das hier kurz vorgestellt wurde. Ich bin dankbar für die hilfreichen Hinweise, die ich von Arun Agrawal, Andreas Leibbrandt, Mike McGinnis, Jimmy Walker, Tom Wisdom, von der Arbeitsgruppe Angewandte Theorie und der Experimentellen Lesegruppe erhalten habe, sowie für die hervorragenden Textbearbeitungsfähigkeiten von Patty Lezotte. Die wesentliche Unterstützung, die wir im Laufe der Jahre von der Ford Foundation, der MacArthur Foundation und der National Science Foundation erhalten haben, sei hiermit dankbar anerkannt.

Zu dieser Ausgabe

Grundlage der Übersetzung ist die Preisrede Elinor Ostroms anlässlich der Verleihung des Wirtschaftsnobelpreises, gehalten am 8. Dezember 2009.

Elinor Ostrom: Beyond Markets and States: Polycentric Governance of Complex Economic Systems. Prize Lecture. 8. Dezember 2009. In: Les Prix Nobel. The Nobel Prizes 2009. Herausgegeben von Karl Grandin. Stockholm: Nobel Foundation, 2010. S. 408–444. © The Nobel Foundation 2009 / Indiana University Foundation, Inc.

Die Veröffentlichung erfolgt mit freundlicher Genehmigung der Nobel Foundation sowie der Indiana University Foundation, Inc.

Anmerkungen

Jenseits von Markt und Staat.
Über das Potential gemeinsamen Handelns

1 Anm. d. Übers.: engl. *common-pool resources* (CPRs), in Abstimmung mit Elinor Ostrom 2010 als ›Gemeinressourcen‹ übersetzt.
2 North 1990, 2005.

Das bisherige Weltbild einfacher Systeme

1 Simon 1955.
2 V. Ostrom 2008.
3 Hobbes [1651] 1960; W. Wilson 1885.
4 Anderson/Weidner 1950; Gulick 1957; Friesema 1966.
5 Alchian 1950.
6 Williamson 1975, 1986.
7 Samuelson 1954.

Frühe Versuche, ein besseres Verständnis komplexer sozialer Systeme zu entwickeln

1 Anm. d. Übers.: engl. *common-property regime.*
2 V. Ostrom/Tiebout/Warren 1961, S. 831 f.
3 Bain 1959; Caves 1964; V. Ostrom/E. Ostrom 1965.
4 V. Ostrom 1962; Weschler 1968; Warren 1966; E. Ostrom 1965.
5 E. Ostrom/Parks/Whitaker 1978.
6 E. Ostrom/Parks 1999, S. 287.
7 Ebd., S. 290.
8 Andersson/E. Ostrom 2008; E. Ostrom/Schroeder/Wynne 1993.
9 Buchanan 1965.
10 V. Ostrom/E. Ostrom 1977.
11 Ebd.
12 Anm. d. Übers.: engl. *toll good.*
13 Zit. nach: E. Ostrom, 2005, S. 24.

Die Entwicklung eines Analyserahmens für vielfältige menschliche Begebenheiten

1 V. Ostrom 1975; Kiser/E. Ostrom 1982; McGinnis 1999a,b, 2000; E. Ostrom 1986, 2005.
2 Commons [1924] 1968.
3 Popper 1961.
4 Allport 1962.
5 Goffman 1974.
6 Schank/Abelson 1977.
7 Koestler 1973; Simon 1981, 1995.
8 Crawford/E. Ostrom 2005.
9 E. Ostrom 2008; E. Ostrom/Basurto 2010; Boyd/Richerson 1985.
10 Zit. nach: E. Ostrom 2005, S. 15.
11 Ich bin sehr dankbar für die vielen Stunden produktiver Diskussionen mit Reinhard Selten zu Beginn der 1980er Jahre. Wir sprachen über die internen Funktionen formaler Spielsituationen, die wir im IAD-Analyserahmen verwenden werden können.
12 Siehe Acheson/Gardner 2005; Gardner [u. a.] 2000; Weissing/E. Ostrom 1993.
13 Jager/Janssen 2002; Janssen 2008.
14 Zit. nach: E. Ostrom 2005, S. 33.

Sind rationale Individuen in sozialen Dilemmas hilflos gefangen?

1 Sugden 1986, S. 3; Hervorhebung im Original.
2 Hardin 1968.
3 Siehe Netting 1972; McCay/Acheson 1987; Coward 1980.
4 Oakerson 1986; NRC 1986.
5 Dieser Versuch einer Meta-Analyse wird in Kap. 4 von Poteete, Janssen und Ostrom (2010) beschrieben.
6 E. Ostrom [u. a.] 1989.
7 In der Beschreibung der Kontexte ihrer Fallstudien neigen Wissenschaftler:innen verschiedener Disziplinen zur Verwendung sehr unterschiedlicher Begriffe und theoretischer Analyserahmen. So

wie wir mussten auch andere Wissenschaftler:innen, die Meta-Analysen durchgeführt haben, zahlreiche Publikationen durchforsten, um konsistente Daten über menschlich genutzte Ressourcensysteme zu gewinnen. Pagdee, Kim und Daugherty (2006) berichten, dass sie im Bereich der Forstwirtschaft über 100 Artikel gesichtet haben, um 31 Fälle analysieren zu können. Rudel (2008) berichtet von der Durchsicht von fast 1200 Studien für eine Metaanalyse von 268 Fällen zur Änderung der Regenwalddecke.

8 Schlager 1990, 1994.

9 Tang 1992, 1994.

10 Tang 1994, S. 234.

11 Ebd., S. 229.

12 Schlager 1994, S. 260.

13 E. Ostrom/Gardner/Walker 1994, S. 319.

14 Blomquist [u. a.] 1994.

15 Ebd., S. 301.

16 Dutta 1990, S. 264.

17 Anm. d. Übers.: engl. *common property resource.*

18 Gordon 1954; Scott 1955; Bell 1972.

19 Ciriacy-Wantrup/Bishop 1975.

20 Bromley 1986.

21 Alchian/Demsetz 1973; Anderson/Hill 1990; Posner 1975.

22 Schlager/E. Ostrom 1992.

23 Commons [1924] 1968.

24 Das Konzept der Zugangsrechte hat einige Wissenschaftler:innen verwundert. Ein Alltagsbeispiel für ein Zugangsrecht ist der Erwerb einer Eintrittskarte für einen öffentlichen Park. Damit erhält der Inhaber dieser Genehmigung für eine bestimmte Zeit das Zutrittsrecht und darf Spaziergänge oder andere Aktivitäten, die nicht auf die Entnahme von Gütern ausgelegt sind, genießen.

25 Brunckhorst 2000; Degnbol/McCay 2007; Paavola/Adger 2005; Trawick 2001; J. Wilson [u. a.] 1994.

26 Crawford/E. Ostrom 2005.

27 Zit. nach: E. Ostrom 2005, S. 189.

28 E. Ostrom 1999, S. 510.

29 Ebd., S. 512.
30 Anm. d. Übers.: engl. *design principle*.
31 E. Ostrom 1990.
32 Der Begriff ›Gestaltungsprinzip‹ [engl. *design principle*] hat viele Leser verwirrt. Vielleicht hätte ich den Begriff ›Best Practices‹ nutzen sollen, um die Regeln und Strukturen robuster Institutionen zu beschreiben.
33 E. Ostrom 1990, 2005.
34 Cox, Arnold und Villamayor-Tomás 2009.

Experimente zur Untersuchung von Gemeinressourcen-Problemen

1 Weissing/E. Ostrom 1993; E. Ostrom/Gardner 1993.
2 Siehe E. Ostrom/Walker/Gardner 1992; E. Ostrom/Gardner/Walker 1994.
3 Gordon 1954.
4 E. Ostrom/Gardner/Walker 1994, S. 110.
5 In einfachen, wiederholten Experimenten zu öffentlichen Gütern neigten die Versuchspersonen anfangs dazu, einen höheren Beitrag zu leisten, als das Nash-Gleichgewicht vorhersagt (Isaac [u. a.] 1984, 1985, 1994; Isaac/Walker 1988, Marwell/Ames 1979). Von diesem höheren Niveau kommend, näherten sich die Ergebnisse langsam dem vorhergesagten Nash-Gleichgewicht an. Bei Gemeinressourcen-Spielen erzielten die Teilnehmenden anfangs hingegen wesentlich schlechtere Ergebnisse als das Nash-Gleichgewicht, dem sie sich dann langsam von unten näherten (s. a. Casari/Plott 2003).
6 Isaac/Walker 1988.
7 Siehe E. Ostrom/Walker 1991; Orbell/van de Kragt/Dawes 1988; Sally 1995; Balliet 2010.
8 Elster 1989, S. 40 f.
9 Siehe Henrich [u. a.] (2006), wo Feldversuche in mehreren Ländern durchgeführt wurden, um zu testen, ob eine viel breitere Auswahl an Teilnehmenden in Experimenten zu öffentlichen Gütern auch Bestrafungen einsetzen würde. Siehe auch Henrich

[u. a.] (2004) für die Berichte über frühere Feldexperimente zu sozialen Dilemmas in 15 kleinen Gemeinschaften.

10 Ähnliche Ergebnisse gibt es für Öffentliche-Güter-Experimente, bei denen Sanktionierende typischerweise wenig Beitragende bestrafen (Yamagishi 1986; Fehr/Gächter 2002).

11 E. Ostrom/Walker/Gardner 1992.

12 Cardenas 2000.

13 Cardenas/Stranlund/Willis 2000.

14 Siehe Frey/Oberholzer-Gee 1997; Reeson/Tisdell 2008.

15 Fehr und Leibbrandt 2008.

16 Ebd., S. 17.

Untersuchung von Gemeinressourcen-Problemen in der Praxis

1 Benjamin [u. a.] 1994.

2 Lam 1998.

3 Joshi [u. a.] 2000; Shivakoti/E. Ostrom 2002.

4 Aoki 2001.

5 Meinzen-Dick 2007; Bardhan 2000.

6 Uphoff 1991.

7 Siehe Gibson/McKean/E. Ostrom 2000; Poteete/E. Ostrom 2004; Wollenberg [u. a.] 2007.

8 Canadell/Raupach 2008.

9 Terborgh 1999.

10 Hayes 2006.

11 An jedem IFRI-Standort wird eine umfassende Waldvermessung durchgeführt. Zugleich werden Informationen über die Waldnutzer:innen, ihre Aktivitäten, Organisationen und Governance-Strukturen eingeholt. Der Vergleich von Daten aus der Waldvermessung zwischen verschiedenen ökologischen Zonen ist irreführend, da der durchschnittliche Brusthöhendurchmesser eines Waldes stark von Niederschlägen, Böden, Höhenlage und anderen Faktoren abhängt, die je nach ökologischer Zone stark variieren. Daher bitten wir Förster:innen oder Ökolog:innen, die gerade die Erhebung der Walddaten beaufsichtigt haben, den Wald auf

einer fünfstufigen Skala von sehr spärlich bis sehr üppig zu bewerten.

12 Gibson/Williams/Ostrom 2005.
13 Chhatre/Agrawal 2008.
14 Ebd., S. 1327.
15 Chhatre/Agrawal 2009.
16 Coleman 2009.
17 Coleman/Steed 2009.
18 Ghate/Nagendra 2005; E. Ostrom/Nagendra 2006; Banana/Gombya-Ssembajjwe 2000; Webb/Shivakoti 2008.
19 Siehe Batistella/Robeson/Moran 2003; Agrawal 2005; Andersson/Gibson/Lehoucq 2006; Tucker 2008.
20 Banana [u. a.] 2007.
21 Für einen detaillierten Überblick zum IFRI-Forschungsprogramm siehe Poteete/Janssen/Ostrom 2010, Kap. 5.

Aktuelle Entwicklungen der Theorie

1 Z. B. Baland/Platteau 2005; Berkes 2007; Berkes/Colding/Folke 2003; Clark 2006; Marshall 2008; Schelling 1960, 1978, 1984.
2 Faysse 2005; Poteete/Janssen/E. Ostrom 2010.
3 Dietz/E. Ostrom/Stern 2003.
4 Berkes 2007; Brock/Carpenter 2007; Meinzen-Dick 2007.
5 Alchian 1950.
6 Holt 2007; Smith/Walker 1993; Satz/Ferejohn 1994.
7 Smith 2003, 2010.
8 Siehe Poteete/Janssen/E. Ostrom 2010, Kap. 9; E. Ostrom 1998.
9 Selten 1990; Simon 1955, 1999.
10 J. Wilson [u. a.] 1994.
11 J. Wilson 1990.
12 Gigerenzer/Selten 2001.
13 Crawford/E. Ostrom 2005.
14 Sen 1977.
15 Cox/Deck 2005; Cox, Sadiraj/Sadiraj 2008; Andreoni 1989; Bolton/Ockenfels 2000.

16 Fehr/Schmidt 1999.
17 Axelrod 1986.
18 Leibbrandt/Gneezy/List 2010.
19 Frohlich/Oppenheimer 1992.
20 Ones/Putterman 2007.
21 Eckel/Grossman 1996.
22 de Oliveira/Croson/Eckel 2009, S. 19.
23 Walker/E. Ostrom 2009.
24 Pfennig/Ledón-Rettig 2009, S. 68.
25 Arrow 1974.
26 Rothstein 2005.
27 Poteete/Janssen/E. Ostrom 2010, S. 227.
28 Zusammengefasst in Poteete/Janssen/E. Ostrom 2010.
29 Wissenschaftler:innen des Stockholmer Umweltinstituts, des Internationalen Instituts für Angewandte Systemanalyse, der Technischen Universität Delft, der Universität Zürich, dem Nordland Research Institute des Bodø University College, des Potsdam-Instituts für Klimafolgenforschung (PIK), der Humboldt-Universität Berlin, der Universität Marburg sowie des an der Universität Osnabrück angesiedelten EU-Projekts NeWATER haben sich mehrfach in Europa getroffen, um die Nutzung eines gemeinsamen Analyserahmens (ursprünglich von Elinor Ostrom 2007 entwickelt) zur Untersuchung einer Vielzahl unterschiedlicher Ressourcensysteme voranzubringen. Die Wissenschaftler:innen des Workshops in Bloomington sowie des Zentrums zur Erforschung Institutioneller Diversität an der Arizona State University werden sich an diesen Bemühungen ebenfalls beteiligen. Ein Kernproblem, das in diesem Austausch identifiziert wurde, ist die fehlende Kumulation von Daten aus Studien über verschiedene natürliche sowie von Menschen geschaffene Ressourcensysteme.
30 Siehe E. Ostrom 2007, 2009.
31 Zit. nach: E. Ostrom 2007, S. 15182.
32 E. Ostrom 2009; Basurto/E. Ostrom 2009.
33 Anm. d. Übers.: Das Maß der Mobilität der Ressourceneinheiten meint bspw., dass Fische sich bewegen, Holz in der Regel vor Ort bleibt usw.

34 Siehe Stewart (2009) für eine wichtige Studie, die den Zusammenhang zwischen der Gruppengröße, der Akzeptanz von Kooperationsnormen und der Unterstützung von Eigentumsrechten in 25 Bergbaucamps im amerikanischen Südwesten untersucht.

Komplexität und Reform

1 Siehe z. B. Agrawal/Gibson 2001; Gibson [u. a.] 2005; Schlager/Blomquist 2008.

2 Sen 2009.

3 Siehe Clark 2006; Yandle 2007; Yandle/Dewees 2003; Eggertsson 1990.

4 Toonen 2010.

Literaturhinweise

Acheson, James M. / Gardner, Roy: Spatial Strategies and Territoriality in the Maine Lobster Industry. In: Rationality and Society 17 (2005) Nr. 3. S. 309–341.

Agrawal, Arun: Environmentality: Technologies of Government and the Making of Environmental Subjects. Durham (NC) 2005.

– / Gibson, Clark (Hrsg.): Communities and the Environment: Ethnicity, Gender, and the State in Community-Based Conservation. New Brunswick (NJ) 2001.

Alchian, Armen A.: Uncertainty, Evolution, and Economic Theory. In: Journal of Political Economy 58 (1950) Nr. 3. S. 211–221.

– / Demsetz, Harold: The Property Rights Paradigm. In: Journal of Economic History 33 (1973) Nr. 1. S. 16–27.

Allport, Floyd H.: A Structuronomic Conception of Behavior: Individual and Collective. In: Journal of Abnormal and Social Psychology 64 (1962) S. 3–30.

Anderson, Terry L. / Hill, Peter J.: The Race for Property Rights. In: Journal of Law and Economics 33 (1990) S. 117–197.

Anderson, William / Weidner, Edward W.: American City Government. New York 1950.

Andersson, Krister / Gibson, Clark / Lehoucq, Fabrice: Municipal Politics and Forest Governance: Comparative Analysis of Decentralization in Bolivia and Guatemala. In: World Development 34 (2006) Nr. 3. S. 576–595.

– / Ostrom, Elinor: Analyzing Decentralized Resource Regimes from a Polycentric Perspective. In: Policy Perspective 41 (2008) Nr. 1. S. 71–93.

Andreoni, James: Giving with Impure Altruism: Applications to Charity and Ricardian Equivalence. In: Journal of Political Economy 97 (1989) Nr. 6. S. 1447–1458.

Aoki, Masahiko: Toward a Comparative Institutional Analysis. Cambridge (MA) 2001.

Arrow, Kenneth J.: The Limits of Organization. New York 1974.

Axelrod, Robert: An Evolutionary Approach to Norms. In: American Political Science Review 80 (1986) Nr. 4. S. 1095–1111.

Bain, Joe S.: Industrial Organization. New York 1959.

Baland, Jean-Marie / Platteau, Jean-Philippe: Halting Degradation of Natural Resources: Is There a Role for Rural Communities? Oxford 2005.

Balliet, Daniel: Communication and Cooperation in Social Dilemmas: A Meta-Analytic Review. In: Journal of Conflict Resolution 54 (2010) Nr. 1. S. 39–57.

Banana, Abwoli Y. / Gombya-Ssembajjwe, William: Successful Forest Management: The Importance of Security of Tenure and Rule Enforcement in Ugandan Forests. In: Gibson/McKean/Ostrom 2000. S. 87–98.

– / Vogt, Nathan / Bahati, Joseph / Gombya-Ssembajjwe, William: Decentralized Governance and Ecological Health: Why Local Institutions Fail to Moderate Deforestation in Mpigi District of Uganda. In: Scientific Research and Essays 2 (2007) Nr. 10. S. 434–445.

Bardhan, Pranab K.: Irrigation and Cooperation: An Empirical Analysis of 48 Irrigation Communities in South India. In: Economic Development and Cultural Change 48 (2000) Nr. 4. S. 847–865.

Basurto, Xavier / Ostrom, Elinor: Beyond the Tragedy of the Commons. In: Economia delle fonti di energia e dell'ambiente 52 (2009) Nr. 1. S. 35–60.

Batistella, Mateus / Robeson, Scott / Moran, Emilio F.: Settlement Design, Forest Fragmentation, and Landscape Change in Rondônia, Amazônia. In: Photogrammetric Engineering and Remote Sensing 69 (2003) Nr. 7. S. 805–812.

Bell, Frederick W.: Technological Externalities and Common Property Resources: An Empirical Study of the U. S. Lobster Industry. In: Journal of Political Economy 80 (1972) S. 148–158.

Benjamin, Paul / Lam, Wai Fung / Ostrom, Elinor / Shivakoti, Ganesh: Institutions, Incentives, and Irrigation in Nepal, Decentralization: Finance & Management Project Report. Burlington (VT) 1994.

Berkes, Fikret: Community-Based Conservation in a Globalized World. In: Proceedings of the National Academy of Sciences 104 (2007) Nr. 39. S. 15188–15193.

– / Colding, Johan / Folke, Carl: Navigating Social-Ecological Systems: Building Resilience for Complexity and Change. New York 2003.

Blomquist, William / Schlager, Edella / Tang, Shui Yan / Ostrom, Elinor:

Regularities from the Field and Possible Explanations. In: E. Ostrom / Gardner / Walker 1994. S. 301–319.
Bolton, Gary E. / Ockenfels, Axel: ERC: A Theory of Equity, Reciprocity, and Competition. In: American Economic Review 90 (2000) S. 166–193.
Boyd, Robert / Richerson. Peter J.: Culture and the Evolutionary Process. Chicago 1985.
Brock, William A. / Carpenter, Stephen R.: Panaceas and Diversification of Environmental Policy. In: Proceedings of the National Academy of Sciences 104 (2007) Nr. 39. S. 15206–15211.
Bromley, Daniel W.: Closing Comments at the Conference on Common Property Resource Management. In: National Research Council, Proceedings of the Conference on Common Property Resource Management. Washington, D. C. 1986. S. 591–598.
Brunckhorst, David J.: Bioregional Planning: Resource Management beyond the New Millennium. Amsterdam 2000.
Buchanan, James: An Economic Theory of Clubs. In: Economica 32 (1965) Nr. 125. S. 1–14.
Canadell, Josep G. / Raupach, Michael R.: Managing Forests for Climate Change Mitigation. Science 320 (2008) Nr. 5882. S. 1456–1457.
Cardenas, Juan-Camilo: How Do Groups Solve Local Commons Dilemmas? Lessons from Experimental Economics in the Field. In: Environment, Development and Sustainability 2 (2000) S. 305–322.
– / Stranlund, John K. / Willis, Cleve E.: Local Environmental Control and Institutional Crowding-Out. In: World Development 28 (2000) Nr. 10. S. 1719–1733.
Casari, Marco / Plott, Charles R.: Decentralized Management of Common Property Resources: Experiments with a Centuries-Old Institution. In: Journal of Economic Behavior and Organization 51 (2003) S. 217–247.
Caves, Richard: American Industry: Structure, Conduct, Performance. Englewood Cliffs (NJ) [3]1964.
Chhatre, Ashwini / Agrawal, Arun: Forest Commons and Local Enforcement. In: Proceedings of the National Academy of Sciences 105 (2008) Nr. 36. S. 13286–13291.
– / – Tradeoffs and Synergies between Carbon Storage and Livelihood

Benefits from Forest Commons. In: Proceedings of the National Academy of Sciences 106 (2009) Nr. 42. S. 17667–17670.
Ciriacy-Wantrup, Siegfried V. / Bishop, Richard C.: ›Common Property‹ as a Concept in Natural Resource Policy. In: Natural Resources Journal 15 (1975) Nr. 4. S. 713–727.
Clark, Colin W.: The Worldwide Crisis in Fisheries: Economic Models and Human Behavior. Cambridge (MA) 2006.
Coleman, Eric: Institutional Factors Affecting Ecological Outcomes in Forest Management. In: Journal of Policy Analysis and Management 28 (2009) Nr. 1. S. 122–146.
– / Steed, Brian: Monitoring and Sanctioning in the Commons: An Application to Forestry. In: Ecological Economics 68 (2009) Nr. 7. S. 2106–2113.
Commons, John R.: Legal Foundations of Capitalism [1924]. Madison (WI) 1968.
Coward, E. Walter: Irrigation and Agricultural Development in Asia. Ithaca (NY) 1980.
Cox, James / Deck, Cary: On the Nature of Reciprocal Motives. In: Economic Inquiry 43 (2005) Nr. 3. S. 623–635.
– / Sadiraj, Klarita / Sadiraj, Vjollca: Implications of Trust, Fear, and Reciprocity for Modeling Economic Behavior. In: Experimental Economics 11 (2008) Nr. 1. S. 1–24.
Cox, Michael / Arnold, Gwen / Villamayor-Tomás, Sergio: A Review and Reassessment of Design Principles for Community-Based Natural Resource Management. In: Ecology and Society 15 (2010) Nr. 4. Art. 38.
Crawford, Sue E. S. / Ostrom, Elinor: A Grammar of Institutions. In: E. Ostrom 2005. S. 137–174. Erstveröffentlichung in: American Political Science Review 89 (1995) Nr. 3. S. 582–600.
Degnbol, Poul / McCay, Bonnie J.: Unintended and Perverse Consequences of Ignoring Linkages in Fisheries Systems. In: ICES Journal of Marine Science 64 (2007) Nr. 4. S. 793–797.
de Oliveira, Angela / Croson, Rachel T. I. / Eckel, Catherine: Are Preferences Stable across Domains? An Experimental Investigation of Social Preferences in the Field. In: CBEES Working Paper #2008–3. Dallas (TX) 2008.

Dietz, Tom / Ostrom, Elinor / Stern, Paul: The Struggle to Govern the Commons. In: Science 302 (2003) Nr. 5652. S. 1907–1912.
Dutta, Prajit K.: Strategies and Games: Theories and Practice. Cambridge (MA) 1990.
Eckel, Catherine / Grossman, Philip J.: The Relative Price of Fairness: Gender Difference in a Punishment Game. In: Journal of Economic Behavior and Organization 30 (1996) S. 143–158.
Eggertsson, Thráinn: Economic Behavior and Institutions. New York 1990.
Elster, Jon: Solomonic Judgements: Studies in the Limitations of Rationality. Cambridge (MA) 1989.
Faysse, Nicolas: Coping with the Tragedy of the Commons: Game Structure and Design of Rules. In: Journal of Economic Surveys 19 (2005) Nr. 2. S. 239–267.
Fehr, Ernst / Gächter, Simon: Altruistic Punishment in Humans. In: Nature 415 (2002) S. 137–140.
– / Leibbrandt, Andreas: Cooperativeness and Impatience in the Tragedy of the Commons. In: IZA Discussion Paper Nr. 3625. Zürich 2008.
– / Schmidt, Klaus: A Theory of Fairness, Competition, and Cooperation. In: Quarterly Journal of Economics 114 (1999) Nr. 3. S. 817–868.
Frey, Bruno S. / Oberholzer-Gee, Felix: The Cost of Price Incentives: An Empirical Analysis of Motivation Crowding-Out. In: American Economic Review 87 (1997) Nr. 4. S. 746–755.
Friesema, H. Paul: The Metropolis and the Maze of Local Government. In: Urban Affairs Review 2 (1966) S. 68–90.
Frohlich, Norman / Oppenheimer, Joe A.: Choosing Justice: An Experimental Approach to Ethical Theory. Berkeley / Los Angeles 1992.
Gardner, Roy / Herr, Andrew / Ostrom, Elinor / Walker, James A.: The Power and Limitations of Proportional Cutbacks in Common-Pool Resources. In: Journal of Development Economics 62 (2000) S. 515–533.
Ghate, Rucha / Nagendra, Harini: Role of Monitoring in Institutional Performance: Forest Management in Maharashtra, India. In: Conservation and Society 3 (2005) Nr. 2. S. 509–532.
Gibson, Clark / Andersson, Krister / Ostrom, Elinor / Shivakumar, Su-

jai: The Samaritan's Dilemma: The Political Economy of Development Aid. New York 2005.
– / McKean, Margaret / Ostrom, Elinor (Hrsg.): People and Forests: Communities, Institutions, and Governance. Cambridge (MA) 2000.
– / Williams, John / Ostrom, Elinor: Local Enforcement and Better Forests. In: World Development 33 (2005) Nr. 2. S. 273–284.
Gigerenzer, Gerd / Selten, Reinhard (Hrsg.): Bounded Rationality: The Adaptive Toolbox. Cambridge (MA) 2001.
Goffman, Irving: Frame Analysis: An Essay on the Organization of Experience. Cambridge (MA) 1974.
Gordon, H. Scott: The Economic Theory of a Common-Property Resource: The Fishery. In: Journal of Political Economy 62 (1954) S. 124–142.
Gulick, Luther: Metropolitan Organization. In: Annals of the American Academy of Political and Social Science 314 (1957) S. 57–65.
Hardin, Garrett: The Tragedy of the Commons. In: Science 162 (1968) S. 1243–1248.
Hayes, Tanya: Parks, People, and Forest Protection: An Institutional Assessment of the Effectiveness of Protected Areas. In: World Development 34 (2006) Nr. 12. S. 2064–2075.
Henrich, Joseph / Boyd, Robert / Bowles, Samuel / Camerer, Colin / Fehr, Ernst / Gintis, Herbert (Hrsg.): Foundations of Human Sociality: Economic Experiments and Ethnographic Evidence from Fifteen Small-Scale Societies. Oxford 2004.
– / McElreath, Richard / Barr, Abigail / Ensminger, Jean / Barrett, Clark / Bolyanatz, Alexander / Cardenas, Juan-Camilo / Gurven, Michael / Gwako, Edwins / Henrich, Natalie [u. a.]: Costly Punishment across Human Societies. In: Science 312 (2006) S. 1767–1770.
Hobbes, Thomas: Leviathan or the Matter, Forme and Power of a Commonwealth Ecclesiasticall and Civil [1651]. Hrsg. von Michael Oakeshott. Oxford 1960.
Holt, Charles A.: Markets, Games, and Strategic Behavior. Boston (MA) 2007.
Isaac, R. Mark / McCue, Kenneth / Plott, Charles R.: Public Goods Provision in an Experimental Environment. In: Journal of Public Economics 26 (1985) Nr. 1. S. 51–74.

– / Walker, James: Communication and Free-Riding Behavior: The Voluntary Contribution Mechanism. In: Economic Inquiry 26 (1988) Nr. 4. S. 585–608.
– / – / Thomas, Susan: Divergent Evidence on Free Riding: An Experimental Examination of Some Possible Explanations. In: Public Choice 43 (1984) Nr. 2. S. 113–149.
– / – / Williams, Arlington: Group Size and the Voluntary Provision of Public Goods: Experimental Evidence Utilizing Large Groups. In: Journal of Public Economics 54 (1994) Nr. 1. S. 1–36.
Jager, Wander / Janssen, Marco A.: Using Artificial Agents to Understand Laboratory Experiments of Common-Pool Resources with Real Agents. In: M. A. J. (Hrsg.): Complexity and Ecosystem Management: The Theory and Practice of Multi-Agent Systems. Cheltenham (UK) 2002. S. 75–102.
Janssen, Marco A.: Evolution of Cooperation in a One-Shot Prisoner's Dilemma Based on Recognition of Trustworthy and Untrustworthy Agents. In: Journal of Economic Behavior and Organization 65 (2008) S. 458–471.
Joshi, Neeraj N. / Ostrom, Elinor / Shivakoti, Ganesh P. / Lam, Wai Fung: Institutional Opportunities and Constraints in the Performance of Farmer-Managed Irrigation Systems in Nepal. In: Asia-Pacific Journal of Rural Development 10 (2000) Nr. 2. S. 67–92.
Kiser, Larry L. / Ostrom, Elinor: The Three Worlds of Action: A Metatheoretical Synthesis of Institutional Approaches. In: E. O. (Hrsg.): Strategies of Political Inquiry. Beverly Hills (CA) 1982. S. 179–222.
Koestler, Arthur: The Tree and the Candle. In: Gray, William / Rizzo, Nicholas D. (Hrsg.): Unity through Diversity. Tl. I. New York 1973. S. 287–314.
Lam, Wai Fung: Governing Irrigation Systems in Nepal: Institutions, Infrastructure, and Collective Action. Oakland (CA) 1998.
Leibbrandt, Andreas / Gneezy, Uri / List, John: Ode to the Sea: The Socio-Ecological Underpinnings of Social Norms. [Unveröffentlichtes Manuskript] 2010.
Marshall, Graham R.: Nesting, Subsidiarity, and Community-Based Environmental Governance beyond the Local Level. In: International Journal of the Commons 2 (2008) Nr. 1. S. 75–97.

Marwell, Gerald / Ames, Ruth E.: Experiments on the Provision of Public Goods. I: Resources, Interest, Group Size, and the Free Rider Problem. In: American Journal of Sociology 84 (1979) S. 1335–1360.
McCay, Bonnie J. / Acheson, James M.: The Question of the Commons: The Culture and Ecology of Communal Resources. Tucson (AZ) 1987.
McGinnis, Michael (Hrsg.): Polycentric Governance and Development: Readings from the Workshop in Political Theory and Policy Analysis. Ann Arbor (MI) 1999a.
– Polycentricity and Local Public Economies: Readings from the Workshop in Political Theory and Policy Analysis. Ann Arbor (MI) 1999b.
– Polycentric Games and Institutions: Readings from the Workshop in Political Theory and Policy Analysis. Ann Arbor (MI) 2000.
Meinzen-Dick, Ruth: Beyond Panaceas in Water Institutions. In: Proceedings of the National Academy of Sciences 104 (2007) S. 15200–15206.
Netting, Robert McC.: Of Men and Meadows: Strategies of Alpine Land Use. In: Anthropological Quarterly 45 (1972) S. 132–144.
North, Douglass C.: Institutions, Institutional Change and Economic Performance. New York 1990.
– Understanding the Process of Institutional Change. Princeton (NJ) 2005.
NRC (National Research Council): Proceedings of the Conference on Common Property Resource Management. Washington, D. C. 1986.
– The Drama of the Commons. Committee on the Human Dimensions of Global Change. Hrsg. von Elinor Ostrom, Thomas Dietz, Nives Dolšak, Paul Stern, Susan Stonich und Elke Weber. Washington, D. C. 2002.
Oakerson, Ronald J.: A Model for the Analysis of Common Property Problems. In: NRC 1986. S. 13–30.
Ones, Umut / Putterman, Louis: The Ecology of Collective Action: A Public Goods and Sanctions Experiment with Controlled Group Formation. In: Journal of Economic Behavior and Organization 62 (2007) S. 495–521.
Orbell, John M. / van de Kragt, Alphons / Dawes, Robyn M.: Explaining Discussion-Induced Cooperation. In: Journal of Personality and Social Psychology 54 (1988) Nr. 5. S. 811–819.

Ostrom, Elinor: Public Entrepreneurship: A Case Study in Ground Water Basin Management. Ph. D. Dissertation. Los Angeles 1965.
- An Agenda for the Study of Institutions. In: Public Choice 48 (1986) Nr. 1. S. 3–25.
- Governing the Commons: The Evolution of Institutions for Collective Action. New York 1990. (Dt.: Die Verfassung der Allmende: Jenseits von Staat und Markt. Tübingen 1999.)
- A Behavioral Approach to the Rational Choice Theory of Collective Action. In: American Political Science Review 92 (1998) Nr. 1. S. 1–22.
- Coping with Tragedies of the Commons. In: Annual Review of Political Science 2 (1999) S. 493–535.
- Understanding Institutional Diversity. Princeton (NJ) 2005.
- A Diagnostic Approach for Going beyond Panaceas. In: Proceedings of the National Academy of Sciences 104 (2007) Nr. 39. S. 15181–15187.
- Developing a Method for Analyzing Institutional Change. In: Batie, Sandra / Mercuro, Nicholas (Hrsg.): Alternative Institutional Structures: Evolution and Impact. New York 2008. S. 48–76.
- A General Framework for Analyzing the Sustainability of Social-Ecological Systems. In: Science 325 (2009) Nr. 5939. S. 419–422.
- / Agrawal, Arun / Blomquist, William / Schlager, Edella / Tang, Shui Yan: CPR Coding Manual. Bloomington 1989. (Workshop in Political Theory and Policy Analysis.)
- / Basurto, Xavier: Crafting Analytical Tools to Study Institutional Change. In: Journal of Institutional Economics (2010).
- / Gardner, Roy: Coping with Asymmetries in the Commons: Self-Governing Irrigation Systems Can Work. In: Journal of Economic Perspectives 7 (1993) Nr. 4. S. 93–112.
- / Nagendra, Harini: Insights on Linking Forests, Trees, and People from the Air, on the Ground, and in the Laboratory. In: Proceedings of the National Academy of Sciences 103 (2006) Nr. 51. S. 19224–19231.
- / Parks, Roger B.: Neither Gargantua nor the Land of Lilliputs: Conjectures on Mixed Systems of Metropolitan Organization. In: McGinnis 1999b. S. 284–305.
- / Parks, Roger B / Whitaker, Gordon P.: Patterns of Metropolitan Policing. Cambridge (MA) 1978.

– / Schroeder, Larry / Wynne, Susan: Institutional Incentives and Sustainable Development: Infrastructure Policies in Perspective. Boulder (CO) 1993.
– / Walker, James: Communication in a Commons: Cooperation without External Enforcement. In: Palfrey, Thomas R. (Hrsg.): Laboratory Research in Political Economy. Ann Arbor (MI) 1991. S. 287–322.
– / Walker, James / Gardner, Roy: Covenants with and without a Sword: Self-Governance is Possible. In: American Political Science Review 86 (1992) Nr. 2. S. 404–417.
Ostrom, Vincent: The Political Economy of Water Development. In: The American Economic Review 52 (1962) Nr. 2. S. 450–458.
– Language, Theory and Empirical Research in Policy Analysis. In: Policy Studies Journal 3 (1975) S. 274–281.
– The Intellectual Crisis in American Public Administration. Tuscaloosa (AL) [3]2008.
– / Ostrom, Elinor: A Behavioral Approach to the Study of Intergovernmental Relations. In: The Annals of the American Academy of Political and Social Science 359 (1965) S. 137–146.
– / Ostrom, Elinor: Public Goods and Public Choices. In: Savas, Emanuel S. (Hrsg.): Alternatives for Delivering Public Services: Toward Improved Performance. Boulder (CO) 1977. S. 7–49.
– / Tiebout, Charles M. / Warren, Robert: The Organization of Government in Metropolitan Areas: A Theoretical Inquiry. In: American Political Science Review 55 (1961) Nr. 4. S. 831–842.
Paavola, Jouni / Adger, W. Neil: Institutional Ecological Economics. In: Ecological Economics 53 (2005) Nr. 3. S. 353–368.
Pagdee, Adcharaporn /Kim, Yeon-Su / Daugherty, P. J.: What Makes Community Forest Management Successful: A Meta-Study from Community Forests throughout the World. In: Society and Natural Resources 19 (2006) Nr. 1. S. 33–52.
Pfennig, David W. / Ledón-Rettig, Cris: The Flexible Organism. In: Science 325 (2009) S. 268–269.
Popper, Karl R.: The Poverty of Historicism. New York 1961.
Posner, Richard: Economic Analysis of Law. In: Ackerman, Bruce (Hrsg.): Economic Foundation of Property Law. Boston (MA) 1975.
Poteete, Amy / Janssen, Marco / Ostrom, Elinor: Working Together:

Collective Action, the Commons, and Multiple Methods in Practice. Princeton (NJ) 2010.
– / Ostrom, Elinor: In Pursuit of Comparable Concepts and Data about Collective Action. In: Agricultural Systems 82 (2004) Nr. 3. S. 215–232.
Reeson, Andrew F. / Tisdell, John G.: Institutions, Motivations and Public Goods: An Experimental Test of Motivational Crowding. In: Journal of Economic Behavior and Organization 68 (2008) Nr. 1. S. 273–281.
Rothstein, Bo: Social Traps and the Problem of Trust: Theories of Institutional Design. Cambridge (MA) 2005.
Rudel, Thomas K.: Meta-Analyses of Case Studies: A Method for Studying Regional and Global Environmental Change. In: Global Environmental Change 18 (2008) Nr. 1. S. 18–25.
Sally, David: Conservation and Cooperation in Social Dilemmas: A Meta-Analysis of Experiments from 1958 to 1992. In: Rationality and Society 7 (1995) S. 58–92.
Samuelson, Paul: The Pure Theory of Public Expenditure. In: Review of Economics and Statistics 36 (1954) S. 387–389.
Satz, Debra / Ferejohn, John: Rational Choice and Social Theory. In: Journal of Philosophy 91 (1994) Nr. 2. S. 71–87.
Schank, Roger C. / Abelson, Robert P.: Scripts, Plans, Goals, and Understanding: An Inquiry in Human Knowledge Structures. Hillsdale (NJ) 1977.
Schelling, Thomas C.: The Strategy of Conflict. Oxford 1960.
– Micromotives and Macrobehavior. New York 1978.
– Choice and Consequence: Perspectives of an Errant Economist. Cambridge (MA) 1984.
Schlager, Edella: Model Specification and Policy Analysis: The Governance of Coastal Fisheries. Dissertation. Indiana 1990.
– Fishers' Institutional Responses to Common-Pool Resource Dilemmas. In: E. Ostrom/Gardner/Walker 1994. S. 247–265.
– / Blomquist, William: Embracing Watershed Politics. Boulder 2008.
Scott, Anthony D.: The Fishery: The Objectives of Sole Ownership. In: Journal of Political Economy 63 (1955) S. 116–124.
Selten, Reinhard: Bounded Rationality. In: Journal of Institutional and Theoretical Politics 146 (1990) S. 649–658.

Sen, Amartya K.: Rational Fools: A Critique of the Behavioral Foundations of Economic Theory. In: Philosophy and Public Affairs 6 (1977) Nr. 4. S. 317–344.
– The Idea of Justice. Cambridge (MA) 2009.
Shivakoti, Ganesh / Ostrom, Elinor (Hrsg.): Improving Irrigation Governance and Management in Nepal. Oakland (CA) 2002.
Simon, Herbert A.: A Behavioural Model of Rational Choice. In: Quarterly Journal of Economics 69 (1955) S. 99–188.
– The Sciences of the Artificial. Cambridge (MA) ²1981.
– Near Decomposability and Complexity: How a Mind Resides in a Brain. In: Morowitz, Harold J. / Singer, Jerome L. (Hrsg.): The Mind, the Brain, and Complex Adaptive Systems. Reading (MA) 1995. S. 25–44.
– The Potlatch between Political Science and Economics. In: Alt, James / Levi, Margaret / Ostrom, Elinor (Hrsg.): Competition and Cooperation: Conversations with Nobelists about Economics and Political Science. New York 1999. S. 112–119.
Smith, Vernon L.: Constructivist and Ecological Rationality in Economics. In: American Economic Review 93 (2003) Nr. 3. S. 465–508.
– Theory and Experiment: What are the Questions? In: Journal of Economic Behavior and Organization 73 (2010). S. 3–15.
– / Walker, James: Rewards, Experience and Decision Costs in First Price Auctions. In: Economic Inquiry 31 (1993) Nr. 2. S. 237–245.
Stewart, James I.: Cooperation when N is Large: Evidence from the Mining Camps of the American West. In: Journal of Economic Behavior and Organization 69 (2009) Nr. 3. S. 213–235.
Sugden, Richard: The Economics of Rights, Co-operation, and Welfare. Oxford 1986.
Tang, Shui Yan: Institutions and Collective Action: Self-Governance in Irrigation. San Francisco (CA) 1992.
– Institutions and Performance in Irrigation Systems. In: E. Ostrom/ Gardner/Walker 1994. S. 225–245.
Terborgh, John: Requiem for Nature. Washington, D. C. 1999.
Toonen, Theo: Resilience in Public Administration: The Work of Elinor and Vincent Ostrom from a Public Administration Perspective. In: Public Administration Review 70 (2010) Nr. 2 (März/April). S. 193–202.

Trawick, Paul B.: Successfully Governing the Commons: Principles of Social Organization in an Andean Irrigation System. In: Human Ecology 29 (2001) Nr. 1. S. 1–25.

Tucker, Catherine M.: Changing Forests: Collective Action, Common Property, and Coffee in Honduras. New York 2008.

Uphoff, Norman T. / Ramamurthy, Priti / Steiner, Roy: Managing Irrigation: Analyzing and Improving the Performance of Bureaucracies. New Delhi 1991.

Walker, James / Ostrom, Elinor: Trust and Reciprocity as Foundations for Cooperation. In: Cook, Karen / Levi, Margaret / Hardin, Russell (Hrsg.): Whom Can We Trust? How Groups, Networks, and Institutions Make Trust Possible. New York 2009. S. 91–124.

Warren, Robert O.: Government of Metropolitan Regions: A Reappraisal of Fractionated Political Organization. Davis (CA) 1966.

Webb, Edward / Shivakoti, Ganesh P. (Hrsg.): Decentralization, Forests and Rural Communities: Policy Outcomes in South and Southeast Asia. New Delhi 2008.

Weissing, Franz / Ostrom, Elinor: Irrigation Institutions and the Games Irrigators Play: Rule Enforcement on Government- and Farmer-Managed Systems. In: Scharpf, Fritz W. (Hrsg.): Games in Hierarchies and Networks: Analytical and Empirical Approaches to the Study of Governance Institutions. Frankfurt a. M. / Boulder (CO) 1993. S. 387–428.

Weschler, Louis F.: Water Resources Management: The Orange County Experience. California Government Series Nr. 14. Davis (CA) 1968.

Williamson, Oliver E.: Markets and Hierarchies: Analysis and Antitrust Implications. New York 1975.

– The Economics of Governance: Framework and Implications. In: Langlois, Richard (Hrsg.): Economics as a Process. New York 1986.

Wilson, James A.: Fishing for Knowledge. In: Land Economics 66 (1990) S. 12–29.

– / Acheson, James M. / Metcalfe, Mark / Kleban, Peter: Chaos, Complexity, and Community Management of Fisheries. In: Marine Policy 18 (1994) S. 291–305.

Wilson, Woodrow: Congressional Government: A Study in American Politics. Boston (MA) 1885.

Wollenberg, Eva / Merino, Leticia / Agrawal, Arun / Ostrom, Elinor: Fourteen Years of Monitoring Community-Managed Forests: Learning from IFRI's Experience. In: International Forestry Review 9 (2007) Nr. 2. S. 670–684.

Yamagishi, Toshio: The Provision of a Sanctioning System as a Public Good. In: Journal of Personality and Social Psychology 51 (1986) Nr. 1. S. 110–116.

Yandle, Tracy: Understanding the Consequence of Property Rights Mismatches: A Case Study of New Zealand's Marine Resources. In: Ecology and Society 12 (2007) Nr. 2: http://www.ecologyandsociety.org/vol12/iss2/art27/.

– / Dewees, Christopher: Privatizing the Commons ... Twelve Years Later: Fisher's Experiences with New Zealand's Market-Based Fisheries Management. In: Dolšak, Nives / Ostrom, Elinor (Hrsg.): The Commons in the New Millennium: Challenges und Adaptations. Cambridge (MA) 2003. S. 101–128.

Elinor Ostrom: Ein Leben für die Wissenschaft

1. Elinor Ostroms akademischer Werdegang

Elinor Ostrom (1933–2012) erwarb sowohl ihren Bachelor- und Masterabschluss als auch ihren Doktortitel in Politikwissenschaften an der University of California in Los Angeles, wo sie ihren Mentor, Doktorvater und späteren Ehemann Vincent Ostrom (1919–2012) kennenlernte. Die beiden begründeten eine wissenschaftliche Partnerschaft, deren Tiefe und Breite immer noch unterschätzt wird.[1] Elinor schloss sich Vincents Team an, das die Grundwasserverteilung in Los Angeles untersuchte. Dies war Elinors erste Beschäftigung mit den Problemen des kollektiven Handelns im Zusammenhang mit Gemeinressourcen. Sie wurden zum Thema ihrer Doktorarbeit, die später zu einem ihrer vielen Beispiele dafür wurde, wie Ressourcennutzer:innen zuweilen die Tragik der Allmende – der zufolge kooperative Lösungen kaum möglich seien – vermeiden können, ohne dass Märkte oder staatliche Eingriffe erforderlich sind.

Elinor oder »Lin«, wie sie von ihren Freund:innen und Kolleg:innen genannt wurde, leistete Pionierarbeit bei der Betrachtung des regelbasierten Umgangs mit natürlichen Ressourcen. Ihre Studien haben viele Wissenschaftler:innen unterschiedlicher Disziplinen, die heute auf dem weiten Gebiet der sozialökologischen Systeme arbeiten, stark beeinflusst. Insbesondere ihr 1990 erschienenes Buch *Governing the Commons* hat die Art und Weise verändert, wie heute über die Tragik der Allmende, die besser als Tragik des freien Zugangs bezeichnet werden sollte, gedacht wird.[2] Ihre Arbeit und das Buch stehen im Zusammenhang mit den Bemühungen von Elinor und

1 Cole 2020.

2 Feeny/Berkes/McCay/Acheson 1990.

Vincent Ostrom, eine multidisziplinäre Denkschule zu schaffen, die Methoden aus unterschiedlichen Sozialwissenschaften nutzt, um sozial-ökologische Dilemmas und deren regelbasierte Lösungen zu verstehen, die Gemeinschaften durch kollektives Handeln hervorbringen.

Im Jahr 1961 veröffentlichte Vincent zusammen mit Charles Tiebout und Robert Warren einen provokativen und einflussreichen Artikel. Sie argumentieren, dass die scheinbar fragmentierte Erbringung öffentlicher Dienstleistungen durch kleine Einheiten mit sich überschneidenden Zuständigkeiten tatsächlich effizienter sein kann als große, konsolidierte Anbieter.[3] Alles hängt von der Art der Dienstleistung im Verhältnis zum Dienstleistungsgebiet ab: Diese Überlegungen eines polyzentrischen Governance-Ansatzes sind bis heute einflussreich.

1965 zogen Elinor und Vincent Ostrom an die Indiana University in Bloomington, wo sie 1973 den Workshop in Political Theory and Policy Analysis, der heute den Namen Ostrom Workshop trägt, als unabhängiges Forschungszentrum gründeten. Hier sollten Forscher:innen aus verschiedenen Disziplinen zusammengebracht werden, um gemeinsam an Commons-Herausforderungen zu arbeiten, einschließlich, aber nicht beschränkt auf Probleme mit natürlichen Gemeinressourcen sowie auf verschiedene Mechanismen, die weltweit zur Lösung dieser Probleme eingesetzt werden können. Die Ostroms wollten ihre Wirkungsstätte im Sinne einer handwerklichen Werkstatt verstanden wissen, in der etwas geschaffen wird. Raum für kreative Auseinandersetzung sollte entstehen. Sie verwendeten daher den Begriff »Workshop« und nicht etwa »Institut«.

In den 1970er Jahren verbrachte Elinor die meiste Zeit damit, Vincents Theorie der polyzentrischen Verwaltung empirisch zu untermauern. Sie konstruierte sorgfältig natürliche Experi-

3 V. Ostrom/Tiebout/Warren 1961.

mente in verschiedenen Städten, um zu testen, ob größere, kleinere oder mittelgroße Verwaltungseinheiten – wie z. B. Polizeidienststellen – tendenziell am besten funktionieren. Die frühen Studien Elinor Ostroms beziehen sich also nicht auf natürliche Ressourcen. Ihren einflussreichen und inzwischen weitverbreiteten Analyserahmen für Institutionen und deren Entwicklung (Institutional Analysis and Development, IAD) entwickelte sie ursprünglich, um die Komplexität und Vielfalt der lokalen Rahmenbedingungen zu verstehen und zu systematisieren, wobei sie sich auf ihre Studien zu kommunalen Feuerwehren, Polizeidienstleistungen und anderen Dienstleistungen bezog. Im Laufe ihres akademischen Lebens nahm Elinor Ostrom immer wieder Änderungen an diesem Analyserahmen vor, den sie als »metatheoretische konzeptionelle Landkarte« betrachtete. Er stellt ein analytisches Instrument dar, das die grundlegendsten Variablen, wie z. B. Regelsets und die Beziehungen zwischen ihnen umfasst, die bei kollektiven Entscheidungsproblemen eine Rolle spielen. Ein Argument für die analytische Stärke der Ostrom-Schule ist, dass dieser Rahmen bis heute in erster Linie ein Instrument der Positivdiagnose ist und nicht der Vorhersage. Basierend auf dem IAD-Analyserahmen, begann Elinor Fallstudien zu analysieren, deren Ergebnisse in *Governing the Commons* (1990) mündeten. Dort konnte sie zeigen, dass kollektives Handeln auch in großen Gruppen zwar schwierig, aber möglich ist.

Die Ostroms veröffentlichten zeitlebens außerordentlich produktiv und waren stets zur intensiven akademischen Diskussion und Auseinandersetzung bereit. Sie wurden am Workshop nicht nur durch ein kompetentes und überaus engagiertes Team unterstützt, sondern sie verbrachten über 30 Jahre jeden Sommer in einer abgelegenen Hütte auf der Manitoulin Insel in Kanada, ohne Zugang zu elektronischen Medien, aber mit viel Zeit zum Lesen und Schreiben. Im Jahr 1989 gründete Elinor

Ostrom gemeinsam mit Kolleg:innen die Wissenschaftlervereinigung International Association for the Study of Common Property – heute die International Association for the Study of the Commons (IASC) –, deren erste Präsidentin sie war. Anfang 2000 begann die inhaltliche Erweiterung von natürlichen Ressourcen auf das, was wir heute neue und globale Gemeingüter nennen. Diese umfassen auch die sogenannten Wissens-Commons. Gemeinsam mit Charlotte Hess flossen diese Arbeiten in das 2007 veröffentlichte Buch *Understanding Knowledge as a Commons* ein.

Als Antwort auf die immer stärker werdenden interdisziplinären Arbeiten und die betrachteten Mensch-Umwelt-Beziehungen forderten Ökolog:innen Ostrom auf, ihren Analyserahmen zu überarbeiten und ökologischen Einflussfaktoren mehr Raum zu geben.[4] Es entstand der Sozial-ökologische System-Analyserahmen, der den biophysikalischen Gegebenheiten mehr Aufschlüsselung erlaubte. Der so entstandene Analyserahmen (SES-Framework) ist also keine Alternative oder Ersatz für den IAD-Analyserahmen, sondern inkludiert diesen. Im Jahr 2009 begann Ostrom mit dem Versuch, den IAD- und den SES-Rahmen umfassender zu integrieren. Einige ihrer Kolleg:innen haben diese Arbeit seit ihrem Tod im Jahr 2012 fortgesetzt.[5] Für Ostrom war die Arbeit an den Analyserahmen niemals abgeschlossen, sondern immer *work in progress*. So leitete Elinor bis kurz vor ihrem Tod im Jahr 2012 den transatlantischen Club zur Weiterentwicklung des SES-Rahmens, um in Zukunft auch die Gegebenheiten technischer Infrastruktur – also sozial-ökologisch-technische Systeme – besser abbilden zu können.[6]

4 E. Ostrom 2007.
5 Cole/Epstein/McGinnis 2019.
6 McGinnis/E. Ostrom 2014.

Der breit angelegte Forschungsansatz über disziplinäre Grenzen hinweg und die gleichzeitige Verwendung verschiedener Methoden ist es, was die Bloomington-Schule ausmacht. Fachdisziplinen wie Politische Ökonomie, Public Choice und Institutionenanalyse sind in ihr vertreten. Es geht im Kern immer um problemorientierte Lösungen. Elinor Ostroms Kernaussage ist, dass es neben Marktmechanismen und staatlicher Hierarchie einen dritten Weg der freiwilligen Selbstverpflichtung und Selbstorganisation als soziale Steuerungselemente gibt, wobei Ostrom nie behauptet hat, dass kollektives Handeln per se die bessere Alternative ist.[7] Welche Governance-Form oder Kombination aus verschiedenen Elementen die geeignetste ist, ist ihr zufolge immer kontextabhängig. Die Bloomington-Schule baut das Denken in disziplinären Silos ab, und die theoretischen und konzeptionellen Arbeiten Ostroms, inklusive verhaltenstheoretische Experimente, tragen besonders zur analytischen Erklärungsstärke in dieser Wissenschaftsdisziplin bei.

2. Der Nobelpreis und seine Rezeption

Den »Preis der Schwedischen Reichsbank für Wirtschaftswissenschaften im Andenken an Alfred Nobel« hat Elinor Ostrom im Jahr 2009 gemeinsam mit Oliver Williamson erhalten. Laut Nobelpreiskomitee haben beide untersucht, wie nichtmarktliche Kräfte zu Institutionen organisierter Zusammenarbeit führen können – Williamson bezogen auf die Grenzen von Unternehmen und Ostrom auf die Analyse von Commons. Auf der Pressekonferenz, bei der die Vergabe des Preises verkündet wurde, hob das Nobelpreiskomitee zwei von Ostroms Erkennt-

7 Sarker/Blomquist 2018.

nissen besonders hervor.[8] Erstens »ermöglichen es erfolgreiche Gruppen vielen, wenn nicht sogar allen Mitgliedern, über die Nutzungsregeln mitzubestimmen, sind also vergleichsweise demokratisch«. Zweitens »vertrauen erfolgreiche Gruppen bei der Überwachung der Einhaltung der Regeln und sogar bei der Sanktionierung von Regelverstößen auf die eigenen Mitglieder. Wenn im Gegensatz dazu Regeln von externen Autoritäten erstellt und durchgesetzt werden, scheitern viele Gruppen an der effizienten Nutzung von Ressourcen.« Dies geschehe unter anderem, weil Interventionen von außen die lokalen Bedingungen nur unzureichend kennen oder beachten.

Auf ebenjener Pressekonferenz fasste Elinor Ostrom die zwei Hauptanliegen ihrer Forschung wie folgt zusammen: Erstens zu verstehen, unter welchen Bedingungen Menschen über sich selbst bestimmen und sich selbst organisieren, und zweitens einen grundlegenden Analyserahmen zu entwickeln, um sozial-ökologische Systeme, in denen Menschen und Ressourcen interagieren, zu erfassen. Dies sei vor dem Hintergrund der Erderwärmung besonders wichtig. Für dieses Problem sah Ostrom internationale Vereinbarungen zwar als bedeutsam an, allerdings betonte sie insbesondere die Wichtigkeit lokaler und vernetzter Ansätze, nicht zuletzt, weil dort das entsprechende kontextspezifische Wissen verortet ist.

In der deutschsprachigen Presse wurde die Vergabe interessiert und positiv aufgenommen. Thomas Fischermann schrieb in der *Zeit*, Ostrom habe ihren Blick »auf einen ungewöhnlicheren Aspekt des Wirtschaftens gerichtet«, wie Menschen gemeinsame Güter nutzen und in Stand halten würden.[9] Dies sei relevant für einen großen Teil »unserer aktuellen Umweltpro-

8 Verkündigung des Nobelpreises 2009: https://nobel-videocdn01.azureedge.net/video/announcement_2009_eco_02_496.mp4.

9 Fischermann 2009.

bleme, der Schutz der Meere etwa und die Rettung des Klimas«. Mit Ostroms Frage danach, »ob es unter Menschen etwas Anderes gibt als Jeder gegen Jeden«, habe sie die Dichotomie zwischen staatlicher Regulation und Privatisierung durchbrochen: »Wenn man genauer hinschaut, sind die Menschen nämlich offenbar viel erfinderischer und organisieren ihr Leben viel subtiler, als es uns Ideologen aller Richtungen weismachen wollen.«

Tanjev Schultz vertrat in der *Süddeutschen Zeitung* die Meinung, Ostroms Ansatz lasse sich »auch auf globale Probleme wie den Klimawandel und die Verschmutzung der Meere übertragen« und ging so weit zu behaupten, Ostrom habe »nach dem passenden ›institutionellen Design‹ für eine ökologisch verträgliche Wirtschaftsordnung« gesucht.[10] Ostrom hingegen hat immer wieder betont, dass es ihrer Ansicht nach weder das eine passende Design noch »blue-prints« gibt. Somit kommentierte Sven Böll dann auch abweichend im *Spiegel*, Ostrom habe zwar »nachgewiesen, dass weder der Staat noch der Markt – wie es viele ihrer Kollegen behaupten – in der Regel zu den besten Ergebnissen führt«, sich jedoch nicht auf die Feststellung versteift, »dass die Betroffenen immer die beste Lösung für ihr Problem sind«.[11] Böll attestiert Ostrom entsprechend konsequente Ideologiefreiheit und ist der Meinung, Ostrom repräsentiere »so etwas wie die ›Neue Mitte‹ der Wirtschaftswissenschaften. Sie lässt sich weder der klassisch-verbalen Ausrichtung zuordnen, die stets die praktische Relevanz der Forschung für die Politik im Blick hat, noch allein auf die mathematisch-präzise Ökonomie reduzieren, die das Geschehen der Welt vornehmlich in sperrige Formeln presst.«

Weil sich Ostroms Forschung um Lebenspraktisches wie »Fische und Kühe, Weideland und Äcker« drehe, lese sich »ihr

10 Schultz 2009.
11 Böll 2009.

zentrales Werk, das 1990 erschienene Buch *Governing the Commons*, über weite Strecken wie ein spannender Roman und nicht wie ein ökonomisches Standardwerk«, meinte András Szigetvari im *Standard*.[12] Ein besonderes Augenmerk legten viele Beiträge auf den Umstand, dass Elinor Ostrom die erste Frau ist, die mit dem Wirtschaftsnobelpreis geehrt wurde. Besonders augenscheinlich wird dies mit Blick auf Überschriften wie »Ökonomie-Nobelpreis geht erstmals an eine Frau« (*Zeit*)[13] oder »Lady first« (*Süddeutsche*)[14]. Das Nobelpreiskomitee betonte dagegen, dass Ostrom den Preis »ausschließlich für Verdienste um die Forschung« und nicht »wegen ihres Geschlechts« zugesprochen bekommen habe.[15] Dass Ostrom die erste Frau ist, die mit diesem Preis geehrt wurde, erzählt mehr über die Geschlechterverhältnisse innerhalb der Ökonomik, als dass es die wissenschaftlichen Leistungen Ostroms bewertet. Wenn überhaupt, ist Ostrom zusätzlich dafür zu würdigen, ihren Weg in dieser männerdominierten Welt gegangen zu sein.

3. Ostroms Arbeiten aus heutiger Perspektive

Entscheidend für die Wertschätzung der Arbeiten von Ostrom und der Bloomington-Schule sind die vielfältigen Anwendungsgebiete ihrer Arbeiten. Zum einen ist die interdisziplinäre Zusammenarbeit und der Mixed-Method-Ansatz für das Verständnis und die Lösung von Umwelt- und anderen Koordinationsproblemen beim Umgang mit gemeinschaftlich ge-

12 Szigetvari 2009.
13 Zeit-Redaktion 2009.
14 Schultz 2009.
15 Böll 2009.

nutzten Ressourcen überaus hilfreich.[16] Zum anderen führt die konsequente Konzeptionalisierung der Betrachtungen zu einer systematischen Stärke der Analysen. Die Handlungssituation steht im Mittelpunkt, und die Verschiedenartigkeit von Regeln und ihren Funktionen können systematisiert werden. Dadurch lassen sich Fälle vergleichen, und es entsteht auch über Disziplingrenzen hinweg eine gemeinsame Sprache. Heute stehen der Forschungsgemeinschaft Datenbanken eingespeister und systematisierter Fallstudien für eine aggregiertere Commons-Analyse zur Verfügung, zum Beispiel die Social-Ecological Systems Library an der Arizona State University. Gerade vergleichende Arbeiten sind wichtig, um Gemeinsamkeiten in der Governance abzuleiten. So sind einst die Design-Prinzipien entstanden und genauso können mittlerweile Aussagen über Faktoren getroffen werden, die das Verhalten von Akteuren beeinflussen, z. B. Sanktionen, Vertrauen und Leadership. Erst aus diesem Portfolio an Wissen können wir Vorhersagen treffen und letztlich den jeweiligen Problemen entsprechende Empfehlungen für geeignete Governance anbieten. Heutige Herausforderungen, wie die Klimakrise und der Verlust der Biodiversität, sind komplex und global. In ihrer Governance geht es vermehrt um die gemeinschaftliche Verantwortung und Bereitstellung von Ressourcen, nicht allein um die Aufteilung knapper Ressourceneinheiten.

Schon in ihren Arbeiten gemeinsam mit Robert Keohane, die zu dem 1995 veröffentlichten Buch *Local Commons and Global Interdependence* führte, finden sich Hinweise, wie Elinors und auch Vincents Arbeiten eine Erklärung zum Umgang mit sozioökologischen Dilemmas auf internationaler und globaler Ebene geben.[17] Ostrom stellt hier den polyzentrischen Ansatz in

16 Poteete/Janssen/E. Ostrom 2010.

17 Keohane/E. Ostrom 1995.

den Mittelpunkt. Im Verhältnis zu 10 000 Akteur:innen in manchen natürlichen Ressourcenmanagementsystemen sind multinationale Verhandlungen von Staatsvertreter:innen mit etwa 200 Teilnehmer:innen erst recht möglich, jedoch kommen beispielsweise Prinzipal-Agenten-Probleme zwischen Verhandlungsführer:innen und den dahinterstehenden politisch gewählten Regierungen hinzu. Diese Prinzipal-Agenten-Probleme entstehen durch ungleich verteilte Informationen: Die Agent:in, als Ausführende:r eines Handlungsauftrages, verfügt über einen Handlungsspielraum zur eigenen Nutzenmaximierung, den die Auftraggeber:in – hier gewählte Regierungen – nicht vollständig beobachten und kontrollieren kann. Dennoch ermöglicht gerade der polyzentrische Ansatz Lösungsmöglichkeiten für das Dilemma des Klimawandels.[18] Elinor Ostrom schlägt Möglichkeiten vor, wie polyzentrische Interaktionen dazu beitragen könnten, die notwendigen Bedingungen zu schaffen, um die Auswirkungen des Klimawandels zu mindern. Dies steht im Gegensatz zu dem Glauben, dass ein durchsetzbares globales Abkommen der einzige Weg ist, der Bedrohung durch den Klimawandel zu begegnen.

Die Idee einer polyzentrischen Klima-Governance beeinflusst weiterhin Politiker:innen und politische Entscheidungsträger:innen. In einem polyzentrischen Gesellschaftssystem gibt es viele Entscheidungszentren, die jeweils scheinbar unabhängig handeln, aber unter einem gemeinsamen Satz von Leitprinzipien agieren. In einem solchen System lässt sich mit verschiedenen sozialen Steuerungselementen experimentieren, um dann Vergleiche anzustellen.

18 Cole 2015; E. Ostrom 2009.

Elinor und Vincent Ostrom verstarben kurz nacheinander im Jahr 2012, und ihre Wirkungsstätte erfuhr daraufhin mehrere administrative Umstrukturierungen und inhaltliche Neuausrichtungen. Vorangetrieben und unterstützt von einer weltweiten Gemeinschaft an »Workshoppern«, so nennen sich alle diejenigen, die einmal längere Zeit am Ostrom Workshop verbracht haben, wurde letztlich eine Einheit geschaffen, die neue thematische Ausrichtungen zulässt und gleichzeitig an die Forschung der Ostroms anschließt. Die wohl dynamischste Neuausrichtung ist das Forschungsprogramm »Cybersecurity und Internet Governance«. Scott Shackelford, seit 2020 administrativer Direktor des Ostrom Workshops, hat dieses Programm ins Leben gerufen und gibt selbst zu, dass »Lin« wohl überrascht wäre, ein solches Programm am Workshop zu sehen.[19] In diesem Programm wird davon ausgegangen, dass der Kampf gegen Cyberkriminalität von traditionellen Arbeiten zu Fisch- und Wald-Commons sowie den theoretischen Arbeiten über kollektives Handeln lernen kann. Systemdenken und Koproduktion können – so die These – erklären, wie Bürger:innen, Unternehmen und Behörden zusammenarbeiten, um wertvolle Informationen zu schützen und ein sicheres Umfeld zu schaffen – auch in der digitalen Welt. Die anderen Forschungsprogramme am Workshop sind betitelt mit: »Datenmanagement und Informationsgovernance«, »Umwelt- und natürliche Ressourcen-Governance« und »Politische Ökonomie«. Angeschlossen sind ein Weltraum Governance Lab und ein Forschungszweig zu nachhaltigen Ernährungssystemen. Das Programm »Commons Governance« führt besonders explizit die Arbeiten von Elinor weiter und

19 Nordman 2021.

verlinkt sie gleichzeitig mit den anderen Forschungsprogrammen am Workshop.

Auch die IASC hat sich neuen thematischen und strukturellen Herausforderungen gestellt. Sie beherbergt inzwischen sieben regionale Vereinigungen und ein Karrierenetzwerk, hat eine eigene Zeitschrift, das *International Journal of the Commons*, gegründet und etabliert. Sie verleiht den Ostrom Award, ein regelmäßiger Newsletter und der *In Common Podcast* vernetzen die Mitglieder. Neben der Zugehörigkeit der Mitglieder zu ihren regionalen Gruppen wird die thematische Verankerung zu Commons-Themen in den letzten Jahren immer wichtiger. Hier spiegelt sich ein ähnliches Bild wie am Ostrom Workshop. Neben klassischen Themen wie Bewässerungssysteme, Land und Wald werden auch neue und globale Commons wie kulturelle Commons, Weltraum- und Ernährungs-Commons, Klima- und Biodiversität von beteiligten Wissenschaftler:innen und Praktiker:innen bearbeitet. Dank der konsequenten Nutzung von neuen Onlineformaten sind neben regelmäßigen globalen, regionalen und thematischen Konferenzen und Workshops zahlreiche Formen der Zusammenarbeit entstanden. Die weltweite Gemeinschaft all derer, die sich mit der Nutzung und Bereitstellung gemeinschaftlich genutzter Ressourcen beschäftigen, findet unter dem Dach der IASC ein lebhaftes und wissenschaftlich fundiertes Zuhause, das ganz im Ostrom'schen Sinne auf Interdisziplinarität und den konstruktiven Austausch von Ideen baut. Durch die Kooperationen zwischen der IASC und dem Ostrom Workshop entstehen vielfältige Formate, um sich mit Ostroms Lebenswerk und Verdienst für Wissenschaft und Gesellschaft auseinanderzusetzen und dies gleichzeitig weiterzuentwickeln.

Auch in der internationalen Forschungsliteratur zum Thema Commons sind inhaltliche Erweiterungen zu verzeichnen. Anlässlich der Gründung des *International Journal of the Com-*

mons unterzogen Frank van Laerhoven und Elinor Ostrom die wissenschaftliche Commons-Literatur einer quantitativen Analyse. Sie fanden heraus, dass in den frühen 2000er Jahren neben den klar dominanten traditionellen Bereichen – den »big five«: Fischerei, Waldwirtschaft, Bewässerungssysteme, Wassermanagement und Viehzucht – insbesondere Publikationen zu digitalen Commons, intellektuellen Eigentumsrechten und Copyrights sowie Biodiversität zu finden waren.[20] Eine ähnliche Studie aus dem Jahr 2020 ergab, dass der bereits 2007 zu beobachtende Anstieg an Commons-Literatur auch in den Folgejahren fortgesetzt wurde.[21] Ab den frühen 2010er Jahren zeigte sich deutlich, dass Wassermanagement am stärksten beforscht wurde, allerdings neben den anderen der »big five« auch urbane Commons, Commoning, Klimawandel, Gleichheit und Gerechtigkeit, digitale Commons, Biodiversität, Gender sowie intellektuelle Eigentumsrechte und Copyrights (in der Reihenfolge ihres Aufkommens). Die Debatte der Commons ist auch über zehn Jahre nach dem Nobelpreis für Elinor Ostrom ein sehr dynamisches und wachsendes Feld, das zwar an den eigenen Wurzeln festhält, jedoch auch thematischen Erweiterungen gegenüber offen ist.

5. Weitere Ansätze der Commons-Forschung

Auch jenseits der IASC und des Ostrom Workshops etablieren sich in den letzten Jahren unterschiedliche Ansätze, Commons zu beforschen. Auf diverse Arten und Weisen setzen sie sich von der Ostrom'schen Tradition ab, so werden beispielsweise die ontologischen und epistemologischen Grundlagen kriti-

20 van Laerhoven/E. Ostrom 2007.
21 van Laerhoven/Schoon/Villamayor-Tomas 2020.

siert und die sozialen Praktiken des Commoning in den Mittelpunkt gestellt. Commons »sind nicht, sie werden gemacht«, bringt es Silke Helfrich auf den Punkt.[22] Dies stellt auch die wirtschaftswissenschaftliche Einteilung von Gütern in ihrer derzeitigen Form in Frage, denn die Nutzung eines Gutes hängt nicht nur von seiner Beschaffenheit ab, sondern ebenso von den sozialen Kontexten, in denen sich die Güter befinden.[23] Dies illustriert eine Abkehr von substanzontologischem und eine Zuwendung zu prozessontologischem Denken, die sich auch in der Verbform *Commoning* im Vergleich zum Substantiv *Commons* zeigt.

Elinor Ostrom hat ihre theoretischen Argumente stets als erklärend angesehen und sich klar dagegen verwehrt, daraus politische Argumente für oder gegen eine Organisationsform abzuleiten. Dem entgegen steht eine normative Wendung, die sich mitunter am Begriff des Commoning, der auch als ›Gemeinschaffen‹ ins Deutsche übersetzt wird, festmacht. Eine wichtige Vertreterin einer solchen politischen Lesart ist Silvia Federici, die Commoning mit der Care-Debatte verknüpft. Sie argumentiert:

> Aus einer feministischen Perspektive ist einer der anziehenden Aspekte des Commons-Gedankens die Möglichkeit, die Isolation zu überwinden, in der die reproduktiven Aktivitäten ausgeführt werden und damit die Trennung zwischen privater und öffentlicher Sphäre aufzubrechen, die viel dazu beigetragen hat, die Ausbeutung an Frauen in den Familien und Haushalten zu verunsichtbaren und zu begründen.[24]

22 Helfrich 2012.
23 Euler 2018.
24 Federici 2019.

Auch Massimo de Angelis argumentiert explizit politisch. Er ist inspiriert von Luhmanns Systemtheorie, verknüpft diese mit Perspektiven des autonomen Marxismus und geht davon aus, dass es neben dem Kapital- auch einen Commons-Zyklus gebe.[25] In Ersterem diene der Durchgang des Kapitals durch den Markt der Kapitalvermehrung, in Zweiterem hingegen durchliefen Commons den Markt zum Zwecke der direkten Bedürfnisbefriedigung und der Reproduktion des Gemeinsamen. De Angelis fasst Commons und Kapital als zwei unterschiedliche, autonome soziale Systeme auf, die sich tendenziell selbst organisieren, aber häufig kollidieren und um Einfluss ringen.

Silke Helfrich und Johannes Euler gelangen zu dem Ergebnis, dass derartig politische Lesarten letztendlich zu dem Schluss führen würden, »dass andere gesellschaftliche Verhältnisse notwendig wären, um das Potential des Gemeinschaffens zu entfalten und geeignete Bedingungen für diese Formen der Governance zu schaffen; nicht nur lokal, sondern auch darüber hinaus«.[26] In diesem Sinne versuchen Simon Sutterlütti und Stefan Meretz eine sich qualitativ vom Kapitalismus unterscheidende Commons-Gesellschaft begrifflich zu fassen.[27] Die zugrunde liegende These lautet, dass Commoning die Grundlage einer postkapitalistischen Gesellschaftsform sein könnte, die nicht mehr darauf basiert, die je eigenen Bedürfnisse auf Kosten anderer zu befriedigen. Den Kern oder die Keimform einer solchen Gesellschaft sehen sie im Commoning, das sich zwar gegenwärtig schon finden lasse, sich aber erst voll entfalten könne, wenn die entsprechenden gesellschaftlichen Vermittlungsformen etabliert seien.

25 de Angelis 2017.
26 Helfrich/Euler 2021.
27 Sutterlütti/Meretz 2018.

Um die Praxis, Organisationsweisen und Methoden des Commoning in den Blick zu nehmen, haben Silke Helfrich und David Bollier den auf Christopher Alexander zurückgehenden Musteransatz verwendet.[28] Dieser prozessphilosophisch fundierte Ansatz ist darauf ausgerichtet, Muster zu finden, die gelingende Lösungen für immer wiederkehrende Probleme darstellen. Helfrich und Bollier haben typische Probleme des selbstorganisierten und kollektiven Handelns untersucht und konkrete Formen des gelingenden Umgangs mit diesen Problemen gesammelt, verglichen und für jedes Problem den gemeinsamen Kern herausgefiltert. Dabei haben sie sich unter anderem an Ostroms Design-Prinzipien orientiert, die Bandbreite der untersuchten Probleme allerdings deutlich erweitert und für die drei Bereiche »Soziales Miteinander«, »Selbstorganisation durch Gleichrangige« und »sorgendes & selbstbestimmtes Wirtschaften« gefunden. Wie auch Ostrom für die Design-Prinzipien betonte, sollen die Muster ebenfalls weder vorschreibend noch als abzuarbeitendes Kochrezept für gelungene Selbstorganisation verstanden werden. Anders als die Design-Prinzipien soll die Entwicklung von Mustern in der Commoning-Debatte hingegen durchaus Orientierung und Inspiration für konkrete und kontextangepasste Problemlösungen bieten.

Laut eigener Aussage nehmen Helfrich und Bollier mit den Mustern »keine Definition des Richtigen und Korrekten« vor, sondern gehen »sowohl sachlich als auch ambitioniert vor. Sachlich in der Beschreibung dessen, wie unterschiedliche Commons gegenwärtig funktionieren, und ambitioniert beim Versuch, uns vorzustellen, wie Commoning-Dynamiken plausibel wachsen, sich verbünden und zu einem eigenständigen Bereich der Kultur und der politischen Ökonomie werden

28 Helfrich/Bollier 2019.

können«.[29] Sie beschreiben demnach keine postkapitalistische Utopie, sondern gehen von realen Problemen und Lösungen des gemeinsamen Handelns unter den gegenwärtigen Bedingungen aus. Verändern sich diese Bedingungen, so verändern sich auch die auftretenden Probleme und die funktionierenden Lösungen. Und so sind die Muster niemals fertig, sondern, weil sie explizit kontextbezogen sind, ständig im Wandel. Durch den Einbezug der unterschiedlichen Muster und deren Verflochtenheit wird deutlich, wie das Gemeinsame dieses sich in so vielfältigen Formen zeigenden Commoning aussieht.

Viele Herausforderungen unserer heutigen Gesellschaften, sei es in der Daseinsvorsorge oder im Umgang mit unseren Naturgütern, legen den Schluss nahe, dass weder staatliche Hierarchien noch Marktmechanismen geeignet sind, die Probleme zu lösen. Vielerorts entstehen innovative Organisationsformen im Umgang mit Ressourcen, die oft auf der Idee eines gemeinsamen Verfügungsrechtsregimes beruhen. Ostroms Arbeit dient dabei als Argumentationshilfe. Gleichzeitig wird praktische Hilfestellung zu »Wie geht Commoning?« stark nachgefragt. Ostroms Arbeiten sind allerdings keine praktischen Handreichungen für zivilgesellschaftliches Engagement oder politische Forderungen. Elinor Ostrom wäre sicher enthusiastisch über das deutlich gestiegene Interesse an Selbstorganisation gewesen. Sie hätte die Aktivist:innen postwendend in ein Gespräch verwickelt und viele für ihr streng analytisches Erkenntnisinteresse, Prozesse und menschliches Verhalten in gegebenen Kontexten zu verstehen, begeistert.

Johannes Euler und Insa Theesfeld

29 Helfrich/Bollier 2019.

Böll, Sven: Nobelpreisträgerin Ostrom: Die Frau, die bei Fischern forscht. In: Der Spiegel. 12.10.2009: https://www.spiegel.de/wirtschaft/soziales/nobelpreistraegerin-ostrom-die-frau-die-bei-fischern-forscht-a-654721.html

Cole, Daniel H.: Advantages of a Polycentric Approach to Climate Change Policy. In: Nature Climate Change 5 (2015) S. 114–118.

– Elinor Ostrom, Pioneer of the Commons (and Much More). In: Laitos, Jan G. / Nagle, John C. (Hrsg.): Pioneers of Environmental Law. Northport (NY) 2020. S. 151–172.

– / Epstein, Graham / McGinnis, Michael D.: The Utility of Combining the IAD and SES Framework. In: International Journal of the Commons 13 (2019) S. 244–275.

– / McGinnis, Michael D. (Hrsg.): Elinor Ostrom and the Bloomington School of Political Economy. 4 Bde. Lanham (MD) [u. a.] 2018.

de Angelis, Massimo: Omnia Sunt Communia: On the Commons and the Transformation to Postcapitalism. London 2017.

Euler, Johannes: Conceptualizing the Commons: Moving Beyond the Goods-based Definition by Introducing the Social Practices of Commoning as Vital Determinant. In: Ecological Economics 143C (2018) S. 10–16.

Federici, Silvia: Re-enchanting the World: Feminism and the Politics of the Commons. Oakland (CA) 2019.

Feeny, David / Berkes, Fikret / McCay, Bonnie J. / Acheson, James M.: The Tragedy of the Commons: Twenty-Two Years Later. In: Human Ecology 18 (1990) S. 1–19.

Fischermann, Thomas: Nobelpreis für Ökonomie: Komitee ehrt zwei Grenzgänger. In: Die Zeit. 12.10.2009: https://www.zeit.de/wirtschaft/2009-10/nobelpreis-williamson-ostrom/komplettansicht

Helfrich, Silke: Gemeingüter sind nicht, sie werden gemacht. In: S. H. / Heinrich-Böll-Stiftung (Hrsg.): Commons: Für eine neue Politik jenseits von Markt und Staat. Bielefeld 2012. S. 85–91.

– / Bollier, David: Frei, fair und lebendig: Die Macht der Commons. Bielefeld 2019.

– / Euler, Johannes: Die Neufassung der Commons: Commoning als gemeinwohlorientiertes Gemeinwirtschaften. In: Zeitschrift für Gemeinwirtschaft und Gemeinwohl 44 (2021) Nr. 1. S. 39–56.

Hess, Charlotte / Ostrom, Elinor (Hrsg.): Understanding Knowledge as a Commons. Cambridge (MA) 2007.

Keohane, Robert O. / Ostrom, Elinor: Local Commons and Global Interdependence: Heterogeneity and Cooperation in Two Domains. London 1995.

McGinnis, Michael D. / Ostrom, Elinor: Social-Ecological System Framework: Initial Changes and Continuing Challenges. In: Ecology and Society 19 (2014) [o. S.].

Nordman, Erik: The Uncommon Knowledge of Elinor Ostrom. Washington, D. C. 2021.

Ostrom, Elinor: Governing the Commons: The Evolution of Institutions for Collective Action. New York 1990. (Dt.: Die Verfassung der Allmende: Jenseits von Staat und Markt. Tübingen 1999.)

– A Diagnostic Approach for Going beyond Panaceas. In: Proceedings of the National Academy of Sciences 104 (2007) Nr. 39. S. 15181–15187.

– A Polycentric Approach for Coping with Climate Change. Backgroundpaper to the 2010 World Development Report. Policy Research Working Paper. Washington, D. C. 2009.

Ostrom, Vincent / Tiebout, Charles M. / Warren, Robert: The Organization of Government in Metropolitan Areas: A Theoretical Inquiry. In: American Political Science Review 55 (1961) Nr. 4. S. 831–842.

Poteete, Amy / Janssen, Marco / Ostrom, Elinor: Working Together: Collective Action, the Commons, and Multiple Methods in Practice. Princeton (NJ) 2010.

Sarker, Ashutosh / Blomquist, William: Addressing Misperceptions of Governing the Commons. In: Journal of Institutional Economics 15 (2018) Nr. 2. S. 281–301.

Schultz, Tanjev: Wirtschaftsnobelpreis für Elinor Ostrom. Lady first. In: Süddeutsche Zeitung. 12. 10. 2009: https://www.sueddeutsche.de/wirtschaft/wirtschaftsnobelpreis-fuer-elinor-ostrom-lady-first-1.25610

Sutterlütti, Simon / Meretz, Stefan: Kapitalismus aufheben: Eine Einladung, über Utopie und Transformation neu nachzudenken. Hrsg. von der Rosa-Luxemburg-Stiftung. Hamburg 2018.

Szigetvari, András: Nobelpreisträgerin Elinor Ostrom. In. Der Standard. 12. 10. 2009: https://www.derstandard.at/story/1254311232250/kopf-des-tages-nobelpreistraegerin-elinor-ostrom

van Laerhoven, Frank / Ostrom, Elinor: Traditions and Trends in the Study of the Commons. In: International Journal of the Commons 1 (2007) Nr. 1. S. 3–28.

– / Schoon, Michael / Villamayor-Tomas, Sergio: Celebrating the 30th Anniversary of Ostrom's Governing the Commons: Traditions and Trends in the Study of the Commons, Revisited. In: International Journal of the Commons 14 (2020) Nr. 1. S. 208–224.

Zeit-Redaktion: Ökonomie-Nobelpreis geht erstmals an eine Frau. In: Die Zeit. 12. 10. 2009: https://www.zeit.de/wirtschaft/2009-10/wirtschaftsnobelpreis

Werke von Elinor Ostrom (Auswahl)

(Mit Vincent Ostrom:) Public Goods and Public Choices. In: Savas, Emanuel S. (Hrsg.): Alternatives for Delivering Public Services: Toward Improved Performance. Boulder (CO) 1977. S. 7–49. *[Hier haben die Ostroms die ökonomische Gütermatrix vervollständigt. Dies hat Implikationen für alle späteren Arbeiten von Elinor Ostrom über Governance-Systeme verschiedenster Ressourcen.]*

Governing the Commons: The Evolution of Institutions for Collective Action. New York 1990. (Dt.: Die Verfassung der Allmende: Jenseits von Staat und Markt. Tübingen 1999.) *[Dieses Werk hat die Art und Weise, wie heute über die Tragik der Allmende gedacht wird, grundlegend verändert.]*

(Mit Ella Schlager:) Property-Rights Regimes and Natural Resources: A Conceptual Analysis. In: Land Economics 68 (1992) Nr. 3. S. 249–262. *[Eine klare und anwendungsfreundliche Systematisierung in fünf Typen von Verfügungsrechten.]*

(Mit Roy Gardner und James Walker:) Rules, Games, and Common-Pool Resources. Ann Arbor (MI) 1994. *[Formale spieltheoretische Modelle, die in Experimentierlaboren getestet werden konnten und Einblicke in das menschliche Verhalten und Kooperieren gaben, insbesondere in die Rolle von Vertrauen.]*

(Mit Sue E. S. Crawford:) A Grammar of Institutions. In: E. Ostrom 2005. S. 137–174. Erstveröffentlichung in: American Political Science Review 89 (1995) Nr. 3 S. 582–600. *[Ein weiterer Ansatz für eine positive Analyse von Situationen ist die Syntax von Institutionen oder die Institutional Grammar. Heute wird die Grammar mit Hilfe computerbasierter Modelle breit angewandt und für die Auswertung von Regelwerken verschiedenster Art herangezogen.]*

Understanding Institutional Diversity. Princeton (NJ) 2005. *[Vollständige und detaillierte Erläuterung ihres diagnostischen Ansatzes zur Analyse von Institutionen mit dem IAD-Framework].*

(Mit Charlotte Hess [Hrsg.]:) Understanding Knowledge as a Commons. Cambridge (MA) 2007. *[Eine der ersten Publikationen, die den Blick der Commons-Forschung auf kulturelle und nicht natürliche Ressourcen legt.]*

A Polycentric Approach for Coping with Climate Change. Background-paper to the 2010 World Development Report. Policy Research Working Paper. Washington, D. C. 2009. *[Auf Anfrage der Weltbank übertrug Ostrom die gemeinsamen Arbeiten mit ihrem Ehemann Vincent zu Polyzentrizität auf globale Probleme des kollektiven Handelns wie sozial-ökologische Dilemmata und Klimawandel auf internationaler und globaler Ebene.]*

(Mit Amy Poteete und Marco Janssen:) Working Together: Collective Action, the Commons, and Multiple Methods in Practice. Princeton (NJ) 2010. *[Anschauliche Darstellung zum Mehrwert des Methodenmixes.]*

Werke über Elinor Ostrom (Auswahl)

Cole, Daniel H. / McGinnis, Michael D. (Hrsg.): Elinor Ostrom and the Bloomington School of Political Economy. 4 Bde. Lanham (MD) [u. a.] 2018. *[Zusammenstellung der wichtigsten Ausrichtungen und Anwendungen der Arbeiten von Elinor Ostrom.]*

Nordman, Erik: The Uncommon Knowledge of Elinor Ostrom. Washington, D. C. 2021. *[Dieses aktuelle Werk stellt das Arbeitsleben von Elinor Ostrom anschaulich dar und gliedert es inhaltlich.]*

Silke Helfrich und Elinor Ostrom – ein Nachruf

Silke und ich lernten uns im Internet kennen. Auf der Suche nach einer Tanzpartnerin hatte ich ein Inserat aufgegeben und sie meldete sich. Auf meine neugierige Frage, was sie denn tue, wenn sie nicht tanze, antwortete sie: »Meine Kinder liebhaben, bloggen und über Commons nachdenken, moderieren und … den Rest kann ich dir ja heute Abend erzählen, ich werde so gegen 22 Uhr ins Havanna gehen.« Am 30. Oktober 2008 begegneten wir uns zum ersten Mal. Ich wirbelte gerade mit der Tanzlehrerin übers Parkett, als Silke plötzlich – pünktlich um 22 Uhr – am Tresen des Jenaer Havanna Clubs stand und lächelnd meine Tanzkünste in Augenschein nahm. Wir tanzten also und wurden bald auch ein Paar. Ich lernte die Kinder kennen, die sie liebte und sie die meinen; begann nach ihrem Vorbild selbst zu bloggen; ließ mich von ihrer Begeisterung für die Welt der »Commons« anstecken; und begleitete sie zu vielen Veranstaltungen, die sie moderierte. Die Vision von einer besseren Welt, in der Menschen gemeinsam und in Beziehung zueinander Ressourcen und Güter nutzen, anstatt sich gegenseitig auszusperren, brannte in ihr wie ein Feuer, das sowohl Begeisterung als auch Widerspruch entzünden konnte. Aber wo immer Silke auftauchte, stand der Begriff »Commons« im Raum, und solange ich zurückdenken kann, war für Silke dieser Begriff mit Elinor Ostrom verbunden, die Silke tief beeindruckt und inspiriert hat.

Knapp ein Jahr nach unserem ersten Treffen unternahmen wir einen Ausflug ins Dahner Felsenland, um dort zu wandern und den Wein und andere Pfälzer Köstlichkeiten zu verkosten. Es war der 12. Oktober 2009 und wir hielten gerade an einer Raststätte kurz vor Frankfurt. Ich wartete im Auto und hörte die Nachrichten im Deutschlandfunk. Als Silke zurückkam, sagte ich: »Elinor Ostrom bekommt den Wirtschaftsnobelpreis!« Sie schaute mich an, als sei ich nicht ganz bei Trost –, aber da klingelte schon ihr Telefon. Eine Pressereferentin rief an, auf der Suche nach Informationen zu dieser Elinor Ostrom. In Wikipedia war damals nur wenig zu lesen. Dort stand: »International bekannt wurde sie vor allem mit ihrem Buch *Governing the Commons: The Evolution of Institutions for Collective Action* (1990), in dem sie sich mit Regulierungsregimen für natürliche Ressourcen beschäftigt. Anhand von Fallstudien arbeitet sie heraus, dass für eine angemessene und nachhaltige Bewirtschaftung von Allmendegütern in vielen Fällen eine institutionalisierte lokale Kooperation der Betroffenen staatlicher Kontrolle wie auch Privatisierungen überlegen ist.« Mager und doch schwer verdaulich.

Man bat also Silke um Erklärungen. An eine besinnliche Weiterreise zu Pfälzer Wein und Saumagen war nicht mehr zu denken. Silke telefonierte und ich steuerte unseren Wagen zu dem mir bekannten Tanzlokal Guantanamera in Darmstadt, wo wir gemeinsam aßen und tranken und einen Artikel zu Elinor Ostrom verfassten. Ich aß und trank, während sie verfasste; dann aß und trank sie, während ich ihren Text redigierte – eine Methode, die sich auch in den folgenden Jahren oft als sinnvoll erwies, wenngleich sie viel zu viel arbeitete und ich viel zu viel aß. Das erste Buch, das so in meinem Beisein aus ihrer Hand entstand, war eine Zusammenfassung von zwei Artikeln von Elinor Ostrom, die im Frühjahr 2011 unter dem Titel *Was mehr wird, wenn wir teilen* im Oekom Verlag erschien.

Der Nobelpreis für »Lin«, wie Ostrom sich selbst in E-Mails an Silke nannte, motivierte Silke ungeheuer. Bald entstand der Band *Commons: Für eine neue Politik jenseits von Markt und Staat* (2012), den Silke selbst, gemeinsam mit ihrem US-amerikanischen Mitautor und Freund David Bollier herausgab, in dem zahlreiche Autor:innen die Sphäre der Commons beschreiben und erklären. Die Entstehung dieses Werks war eine gewaltige Kraftanstrengung, die ich selbst hautnah miterlebte, und Silke widmete diesem Projekt eine für mich unbegreifliche und für uns beide durchaus auch belastende Ernsthaftigkeit. Kurz nach dem Erscheinen dieses Buchs starb Elinor Ostrom am 12. Juni 2012 im Alter von 78 Jahren.

Dieser auch von ihr als viel zu früh empfundene Tod schmerzte Silke sehr, aber trotz aller Trauer schien sie nun ungeheuer motiviert, Ostroms wichtiges Werk nicht nur weiterzutragen, sondern auch durch ihre eigene Arbeit weiterzuentwickeln. Sie begann nun zunehmend sich von Ostroms dinglicher Sicht auf die Commons als »Gemeingüter« zu lösen und stattdessen das Tun, das »Commoning«, in den Vordergrund zu stellen. »Commons sind nicht, sie werden gemacht!«, sagte sie oft. Silke war nicht nur eine scharfsinnige Analystin, sondern auch eine glühende Verfechterin von Commons. Sie sehnte sich eine »Ontologie-Wende« herbei, einen Wandel in unserem Welt- und Seinsverständnis also, durch den wir erkennen könnten, dass die Verhältnisse nicht eine Eigenschaft der Dinge sind, sondern eine Frage dessen, wie wir als Menschen miteinander umgehen.

Folgerichtig erschien schon bald ein zweiter Band, *Die Welt der Commons: Muster gemeinsamen Handelns* (2015), der viele Beispiele existierender Commons beschreibt, und im Verlauf ihrer Arbeit als Herausgeberin dieses Bandes – wiederum gemeinsam mit David Bollier – entwickelte Silke die zentralen Ideen zum dritten Band, *Frei, fair und lebendig: Die Macht der Commons* (2019), den ich als ihr Hauptwerk betrachte. Darin prägen die Autor:innen – inspiriert durch den berühmten Architekten Christopher Alexander – eine »Mustersprache des Commoning«, mit der die Prinzipien gemeinsamen Schaffens und Handelns besser benennbar gemacht werden sollen.

Für die Sprachpädagogin und Ökonomin Silke Helfrich, die neben ihrer Muttersprache auch fließend Spanisch, Portugiesisch, Italienisch, Französisch, Englisch, etwas Russisch und sogar ein bisschen Japanisch sprechen konnte, war Sprache eine wichtige und oft unterschätzte Kraft für transformative Prozesse in der Gesellschaft. Was man nicht benennen kann, das kann man auch nicht denken – davon war sie überzeugt.

Ihre große Sprachbegabung befeuerte in ihren letzten Lebensjahren noch eine andere Leidenschaft bei Silke: Innerhalb von nur wenigen Jahren lernte sie neben ihrer Arbeit her zuverlässig mehr Pilze zu benennen als alle anderen Menschen in meiner Umgebung zusammengenommen. Sie war auf dem besten Weg, eine kenntnisreiche Pilzsachverständige zu werden, die Pilze nicht nur zum Essen, sondern einfach auch ihrer Schönheit wegen sammelte und suchte. Oft habe ich ihrer Kenntnis mein Leben anvertraut, und unser Haus ähnelte manchmal eher einem mykologischen Laboratorium und einem Pilzmuseum als einer Wohnung von ernsthaft arbeitenden Menschen.

Fast auf den Tag genau 14 Jahre nach unserem ersten Treffen habe ich Silke zum letzten Mal lebend gesehen. Etwas enttäuscht verabschiedete ich mich auf eine Dienstreise zu einer Tagung in Südfrankfreich, da sie kurzfristig ihre eigentlich geplante Mitreise abgesagt hatte – wegen dem Abgabetermin für das vorliegende Buch und – wie sie kleinlaut zugab – weil sie mir auch einen Termin bei der Alpenschutzorganisation CIPRA in Liechtenstein verschwiegen hatte. Am 9. November 2021 reiste sie mit dem Zug nach Vaduz und nahm am Abend aus dem Frühstücksraum des Hotels heraus noch als Referentin an einem Online-Seminar für Studenten der Hochschule für Bildende Künste in Braunschweig teil. Die gastgebende Professorin Andrea Vetter stellte sie vor als »die bekannteste Commons-Forscherin der Welt – nach Elinor Ostrom«. Silkes Reaktion wirkte etwas betreten. Sie selbst hätte sich ein solches Prädikat niemals zugestanden, aber ich glaube, es hat sie trotzdem mit

Stolz erfüllt. Nach dem Seminar schrieb sie noch einige E-Mails und plante eine kleine Tour für den nächsten Morgen.

Um 8:03 Uhr schrieb sie eine letzte vergnügte E-Mail an mich. Dann brach sie auf, um vor ihrer Veranstaltung am Mittag noch eine Pilzrunde durch den Bergwald bei Schaan zu drehen, bestens gelaunt, wie man sich im Hotel erinnert. Sie kehrte nie von dieser Wanderung zurück. Am Abend des 10. November 2021 fand ein Team der Liechtensteiner Bergrettung sie tot in einem schwer zugänglichen Geröllfeld, inmitten eines harmlos wirkenden herbstlichen Bergwalds voller Pilze.

Silke Helfrich folgte im Alter von 54 Jahren der von ihr so bewunderten Elinor Ostrom in einen viel zu frühen Tod und riss damit ein großes Loch in die Welt aller, die sie kannten und liebten. Ein deutlicheres Bild dafür, wie wenig alles wird, wenn wir es nicht mehr teilen können, ist für mich nicht vorstellbar.

Lissabon, im Juli 2022
Jacques Paysan